25개월에서 36개월 아동, 엄마와 함께하는

집단발달놀이
프로그램

25개월에서 36개월 아동, 엄마와 함께하는

집단발달놀이 프로그램

김영희, 고태순 지음

KSI 한국학술정보㈜

목 차

제 1 장　25개월에서 36개월 아동의 발달과 놀이 / 7

1. 신체 및 운동 발달과 놀이 / 9
2. 인지 발달과 놀이 / 10
3. 사회성 발달과 놀이 / 11
4. 정서 발달과 놀이 / 12
5. 언어 발달과 놀이 / 13
6. 발달에 적합한 놀잇감 /14

제 2 장　집단발달놀이 프로그램의 이론적 기초와 구성 / 15

1. 프로그램의 이론적 기초 / 17
   1) 발달놀이치료 / 17
   2) 부모참여 부모교육 / 21

2. 프로그램의 구성 / 23
   1) 프로그램의 한 학기 구성 / 23
   2) 프로그램의 시간대별 구성 / 25
   3) 프로그램의 활용법 / 27

| 제 3 장 | 집단발달놀이 프로그램의 실제 / 29 |

1. 25개월에서 36개월 아동을 위한
   집단발달놀이 프로그램 / 31
2. 25개월에서 36개월 아동과 함께 하는
   놀이활동 자료 / 162
3. 25개월에서 36개월 아동의 부모를 위한
   부모교육 자료 / 190

※ 참고문헌 / 198

제 1 장

25개월에서 36개월 아동의

발달과 놀이

　아동의 연령에 따른 발달적 특성을 알고 있을 때 그에 따라 효과적인 놀이를 계획하고 진행할 수 있다. 이런 이유로 제1장에서는 25개월에서 36개월 아동의 발달과 발달에 따른 놀이의 특성을 발달의 제반 영역에 따라 소개하고자 한다.

제1장

25개월에서 36개월 아동의 발달과 놀이

1. 신체 및 운동 발달과 놀이

25개월에서 36개월의 아동은 대근육 조절이 비교적 증진되어 몸의 움직임이나 이동성에서 보다 더 유연하고 안정감이 있다. 즉, 잽싸게 뛰거나 의자에서 뛰어내리기, 계단 오르기, 두 발로 점프하기, 속도를 조절하며 뛰거나 걷기 등이 가능하다. 그러나 아직도 대근육 조절이 불완전하여 자주 넘어지고, 계단을 오를 때는 한 다리를 먼저 앞으로 내딛고 나머지 다리를 모아 한 칸씩 오른다. 3세 가까이 되면 훨씬 대근육 조절 능력이 증진된다. 속도를 변화시켜 가면서 뛸 수 있고, 커브 길을 쉽게 돈다. 또한 발을 바꿔 가면서 계단을 오르고 세발자전거 타기가 가능해진다. 그러나 아직도 이러한 동작들에 대해 모두 세련된 동작을 기대하기는 어렵다.

특히, 이제 신체를 자신의 생각대로 어느 정도 조절할 수 있기 때문에 신체 활동을 즐기는데, 율동적인 운동이나 음악에 맞추어 몸을 움직이는 일을 좋아한다. 대체로 오랫동안 가만히 앉아서 활동하는 것을 어려워한다(정옥분, 2002).

이 시기에는 소근육 조절이 대근육만큼 발달되어 있지 못하다. 아동들은 손가락을 사용해 보기 시작하며, 아주 미숙하기는 하나 조금씩 소근육이 필요한 작업을 할 수 있게 된다. 가위로 물건 자르기를 조금씩 배우기 시작할 수 있으나 위험이 따른다. 블록을 수직으로 혹은 수평으로 5-7개 정도 쌓을 수 있다. 그러나 이전 시기 아동들보다 눈과 손의 협응이 더욱 정확해져 손을 뻗쳐 물건을 쥐는 것이 보다 안정적이 되고, 간단한 퍼즐이 가능하며, 구슬 꿰기, 블록 쌓기, 구두끈 매기 등도 할 수 있다. 또한 혼자서 옷을 벗을 수 있고, 도와주면 옷을 입을 수도 있다. 단추를 열고 채우고, 스냅을 채우거나 지퍼를 움직이는 시도 등 여러 가지 신체 기술을 연습하게 된다(나하나 외, 1995). 그러나 아직 많은 도움이 필요하다. 그리고 이러한 활동에서 양손을 모두 사용하지만, 특히 우세한 손에 대한 선호가 분명해진다.

24개월경이 되면 배변 훈련을 위한 충분한 근육 통제력이 생기고, 대소변의 의사 표시를 정확하게 말할 수 있으며, 소변을 참을 수 있다. 일반적으로 24개월경에 대소변 가리기를 익힐 수 있고, 30개월에 이르면 화장실에 가는 훈련이 익숙해지게 된다. 이때 양육자는 아동에게 쉽고 빠르게 벗을 수 있는 옷을 입게 해주고, 화장실에 갈 것을 자주 일깨워 주어야 하며, 화장실의 위치도 아동이 가기 쉬워야 한다(최미현 외, 1996).

2. 인지 발달과 놀이

25개월에서 36개월의 아동들은 피아제 인지 발달의 전조작기에 접어들며, 전조작기의 하위단계 중 첫 번째 하위단계인 전 개념적 단계에 속한다. 이때 아동들은 정신적으로 사물과 행동들을 분류할 수 있고 일부 언어적 전 개념들을 형성한다.

전 개념적 아동들은 그들의 세계에서 다양한 영역에 관한 지식을 구성하고 조절하며, 사물을 분류하기 시작하고 양(조금 / 없다 / 많다를 이해하기 시작함), 수(더 많음을 이해하기 시작함), 공간(위로 / 아래로 / 뒤로 / 앞으로의 방향을 이해하기 시작함), 시간(지금 / 곧의 개념을 이해하기 시작함)에 대해 매우 제한적이기는 하지만 그 개념들을 발달시키게 된다. 이러한 개념들은 더 구체적인 표상적 사고의 기반이 된다. 그러나 아직 추상적인 사고는 거의 다룰 수가 없다(정옥분, 2002).

이 시기 아동들은 능동적 탐색가로서 주변 세계를 조작하고 관찰함으로써 정보를 추구한다. 아동들은 호기심이 많기 때문에 무엇이 소리를 나게 하는지, 무엇으로 물건들이 만들어졌는지, 그리고 움직임들이 어떻게 일어나는지를 발견하기 위해 탐색하며, 탐색의 과정에서 초보적인 관찰, 질문, 조작, 분류, 측정 등의 활동을 사용할 수 있다(김광웅·방은령, 1992). 따라서 이 시기에는 호기심과 질문이 많지만 생각하지 않고 말하기 때문에 질문을 위한 질문이 많다. 사실에 대한 답을 기대하기보다는 환상적인 답도 기대하며 말 자체를 즐긴다.

한편, 이 시기에는 대상 영속성의 개념이나 '지연된 모방' 활동이 완전하게 형성되며, 상징 기능의 발달이 시작되는데, 이는 이후의 정신적 표상 능력 발달에도 영향을 미친다. 아동들은 상징물을 이용하여 나무토막을 컵이라고 하면서 마시는 척하며 혼자 노는 단순 상징놀이를 시작하게 된다(최미현 외, 1996).

3. 사회성 발달과 놀이

25개월에서 36개월의 아동들은 아직 소유개념이 완전히 발달하지 못했기 때문에 나누어 갖는 것에 어려움을 가지며, 따라서 자신의 것과 타인의 것에 대한 정확한 구분이 어려워 모두 소유하려고 한다.

이 시기 아동들은 자기중심적이어서 자신이 사용한 단어의 정확한 의미를 모든 사람들이 이해한다고 추측하고, 타인이 같은 단어나 경험에 다른 의미를 부여하는 것을 인식하지 못한다. 또한 놀이에서도 자기중심성 때문에 자기가 가장 중요하며 가끔 다른 사람 놀이에 관심을 보이거나 옆에서 나란히 놀기도 하지만 혼자 놀아도 행복하다. 그러나 점차 타인의 정서를 인식하며 타인들도 감정을 가지고 있다는 것을 이해하기 시작한다. 또한 타인에게 관심을 표현하고, 도움을 청할 수도 있으며 타인을 도울 수도 있다(최미현 외, 1996).

한편, 이 시기의 아동들은 자기 통제력이 증진되어 즉각적인 희열의 욕구를 때때로 지연된 기쁨으로 받아들일 수 있고, 차례를 정하여 잠깐 동안 기다릴 수도 있다. 짧은 시간 동안 협동적인 놀이도 가능하나, 자신이 사용하고 있는 물건과 놀잇감에 대해서는 여전히 소유욕이 강하다. 특히 놀잇감을 나누어 갖지 못하는 이유로 인한 신체적 싸움이 잦지만, 싸우는 시간이 짧고 곧 잊어버리곤 한다.

몇몇 아동의 경우 친한 친구 1-2명을 사귀기 시작하나, 이 시기에는 대부분 남녀 친구를 가리지 않고 그냥 가까이에 있는 아이들과 논다(나하나 외, 1995). 그러므로 놀이에서 놀이 집단이 일정치 않고 자주 변하며 조직화되어 있지 않는 특징을 보인다.

4. 정서 발달과 놀이

25개월에서 36개월의 아동은 타인의 정서를 고려하고, 그에 적절하게 반응하려 한다. 또한 자신의 감정과 느낌을 강하게 표시하는데 화나는 것, 자신이 하고 싶은 것 등 자신이 느끼는 것을 정확하게 알릴 수도 있다. 즉 이 시기 아동들은 정서와 감정의 통제 능력을 발달시키게 되고 새로운 상황에 대한 감정 변화의 표현과 적응 능력이 발달하게 되어, 감정과 정서의 표현이 강력하고, 타인의 행복감이나 감동을 전달받을 수 있고 전달할 수도 있게 된다.

이 시기 아동들은 때때로 피로하거나 하고 싶은 일에 대해 간섭을 받을 때 화를 내는 등의 부정적 행동을 나타내는데, 이는 자신과 자신의 독립성을 확인하는 방법으로 사용되는 것이다. 즉, 자신의 요구를 도와주는 존재로 타인을 인식할 수 있으나, 자신이 타인으로부터 독립적인 존재가 되기를 원하기 때문에 성인의 도움 없이 무엇이든 의욕적으로 해 보려고 하고, 성인의 지시에 '안해' 또는 '내가'의 표현이 많아진다(최미현 외, 1996). 그러나 현실의 상황은 모든 것이 아동 자신의 생각처럼 움직여지는 것이 아니기 때문에, 자신의 욕구를 방해받는 경우도 많다. 따라서 자신의 여러 능력이 세상에 대해 통제력이 있다는 것을 느끼기 위해 공격적이 되기도 한다(김광웅 외, 1997).

또한 이 시기에는 성공의 경험을 통해 자아에 대한 성취감과 자기에 대한 기쁨을 느끼게 된다. 따라서 과제와 사회에 대한 그들의 경험이 자기 자신에 대한 적극적인 문제해결과 성취감, 자신감을 가지는 데 도움이 되도록 배려해 주는 것이 필요하다.

5. 언어 발달과 놀이

25개월에서 36개월의 시기는 어휘가 폭발적으로 팽창하는 시기로, 이 시기의 경험은 새로운 사물의 의미를 형성하게 하고, 이전에 학습된 개념들을 확장시켜 준다. 그리하여 이 시기의 아동은 사물의 이름으로 사물을 구분하기 시작한다. 그러나 그들이 사용하는 단어는 한 단어로 여러 물건을 표현하는 것이 많고, 점차 자신의 생각을 타인이 이해할 수 있도록 표현되는 단어를 생각하여 선택할 수 있게 된다(최미현 외, 1996).

이 시기 아동들은 "차 아냐" 혹은 "안 때려" "아니야"와 같은 부정문을 많이
사용하며, 특정의 단어 유형을 포함하는 많은 문장을 자주 사용한다. 또한 특
정한 패턴이 있는 문장을 자주 사용하지만 아동들이 사용하는 문장은 문법적으
로 불완전하며, 주어-동사, 동사-목적어의 문장을 자주 사용하지만 주어-동
사-목적어의 문장은 거의 사용하지 못한다. 후반기로 갈수록 단어의 폭이 더
욱 확대되고, 명명하고 확인하는 문장 구사를 즐긴다. 또한 행동을 확인하고
명명하는 모습을 자주 볼 수 있고 명령어를 잘 사용한다.

언어가 발달함에 따라 아동들은 상상놀이를 즐기는데, 이러한 상상놀이는
언어와 상상을 연합시키는 기회를 제공하여 아동이 자신의 행동과 타인이 말할
것이라고 생각하는 언어를 말하게 해준다. 상상놀이 경험을 통하여 자신의 언
어를 연습하고, 그것을 사회적 상황에 맞게 조화시켜 갈 수 있다(나하나 외,
1995).

6. 발달에 적합한 놀잇감

이 시기 아동들은 타는 놀잇감을 가장 좋아하며, 오르고 뛸 수 있는 놀잇감
도 많이 사용한다. 차기와 던지기 기술이 정확해지므로 공도 좋은 놀잇감이 된
다(최미현 외, 1996). 그네, 미끄럼틀, 시소 등과 같은 신체활동을 촉진하는
운동 놀잇감과 음악에 맞춘 활동을 좋아하는 아동들을 위해서 탬버린과 같은
간단한 악기도 매우 유용하다. 뿐만 아니라 소근육 및 눈, 손 협응의 발달로
아동들은 구슬 꿰기, 그리기, 다양한 종류의 블록 및 퍼즐도 즐겨 하므로 이에
알맞은 놀잇감들(크레파스, 밀가루 반죽, 퍼즐류, 블록류 등)이 아동에게 제공
되어야 한다. 또한 이 시기 아동들은 상상놀이를 즐기므로, 사람 인형, 동물 인
형, 소꿉놀이 등의 극놀이 놀잇감도 적절한 놀잇감이 된다(오영희 외, 2003).

제**2**장

집단발달놀이 프로그램의
이론적 기초와 구성

　본서에서 소개하는 집단발달놀이 프로그램은 그 이론적 기초를 발달놀이치료에 두고 있다. 즉, 집단발달놀이 프로그램은 발달놀이치료 모델을 일반 아동과 부모에게 확대 적용하여 다양한 현장에서도 손쉽게 사용할 수 있도록 프로그램을 더욱 구조화하였으며, 아동과 부모의 성장을 동시에 도모하기 위해 부모참여 부모교육의 형태를 도입하였다. 때문에, 제2장에서는 발달놀이치료 및 부모참여 부모교육을 중심으로 집단발달놀이 프로그램의 이론적 기초를 정리하고 프로그램의 구성 및 활용법에 대해 소개하고자 한다.

제2장

집단발달놀이 프로그램의 이론적 기초와 구성

1. 프로그램의 이론적 기초

1) 발달놀이치료

발달놀이치료는 아동이 타인과 관계를 맺는 하나의 의미 있는 모델로서 성인과의 긍정적이고 애정적인 상호 작용과 애착을 통해 개인적 어려움을 극복하도록 돕는 고도로 구조화된 프로그램이다(Brody, Fenderson, & Stephenson, 1976). 놀이치료의 역사에서 볼 때 비교적 최근에 개발된 발달놀이치료 프로그램은 브로디(Brody) 등에 의해 구체화된 일종의 수정된 놀이치료 프로그램으로 드 로리어스(Des Lauriers)의 자아발달 이론에서 영향을 받았다.

로리어스(1962)에 의하면, 자아의 발달은 신체에 대한 인식에서부터 시작되고, 이런 신체에 대한 초기 지각을 '신체적 자아'라고 한다. 신체적 자아는 그 다음에 발달하는 심리적 자아의 발달을 위한 기초이다. 이러한 발달은 아동기와 청소년기를 통해 계속되며 성인기에 접어들면 발달속도가 매우 느려지고 잘 변화하지 않는다. 또한 그는 심리적 자아의 성장이 타인의 자아와 관계 맺는 것에 의해서 좌우되며, 특히 어린 아동은 어머니와 관계 맺는 것에 의해 영향을 받는다고 보았다. 진정한 어머니란 아동의 자율적인 심리적 자아의 성장을 지지하고 격려할 수 있어야 하며, 그중에서 어머니의 태도와 감정이 아동의 심리적 자아를 조각하는 강력한 요인이 된다. 그리고 어머니의 태도와 감정은 아기를 안고 흔들어 주고, 젖을 먹이고, 기저귀를 갈아 주고, 눈 맞추고 뽀뽀하는 등의 신체적 접촉, 즉 감각 자극적 접촉을 통해 나타난다. 그는 Michael Reese Psychosomatic and Psychiatric Institute에서 신체적 접촉을 이용하여 정신분열증 아동을 치료하면서 신체적 접촉이 치료에 효과적이라고 믿었다.

이와 비슷한 시기에 로리어스의 영향을 받아 브로디는 아동정신분석으로 별로 효과가 없었던 아동들을 의뢰받아 신체적 접촉을 이용한 치료를 실시하여 좋은 결과를 얻게 되었다. 그는 1970년에 자신의 치료법에 발달놀이치료(developmental play therapy)라는 이름을 붙이고 훈련을 실시하기 시작하였다. 발달놀이치료는 기본적으로 애착이론에 기초한 접근으로서 최소한 한 명 이상의 성인과의 놀이, 신체적 접촉을 통한 친밀하고 개인적인 관계가 기본이 된다. 브로디(1995)는 신체접촉이 애착관계 회복의 기회가 되며, 이를 통해 아동과 성인 사이에 풍부한 대화가 가능하게 된다고 보았다. 즉, 아동이 제대로 건강한 접촉을 경험하면 아동은 자신과 타인의 자아를 지각하고 발달시키면서 자신의 감정을 표현하는 데 자신을 갖게 되고 두 사람 사이의 대화가 가능해진다. 발달놀이치료의 기본원리는 능력 있는 접촉 제공자로부터 접촉을 경험한 아동은 건강한 성숙을 향해 성장하며, 초기의 외상과 방임으로부터 치유받는다는 것이다.

브로디에 의한 발달놀이치료에서는 기본적으로 정상적이고 행복한 부모와 아동 사이에서 이루어지는 자발적이고 자연스러운 신체접촉을 전제로 하기 때문에 접촉하는 방법이 정해져 있는 것은 아니다. 처음에는 아동이 성인의 접촉을 인식하고 받아들일 수 있는 접촉점을 찾아야 하고, 아동이 접촉을 싫어하거나 반응을 보이지 않을 때는 멈추고 기다리거나 다른 접촉방법을 찾는다. 발달놀이치료에서는 신체적 접촉을 중요시하기 때문에 치료환경은 치료사가 아동을 대상으로 신체적 접촉을 할 수 있는 안전한 공간이면 된다. 브로디(1997)는

치료자와 아동의 친밀한 접촉을 허락하고 촉진시키기 위하여 카펫과 흔들의자가 필요하다고 하였다. 그 밖에 아동이 자신을 쉽게 표현할 수 있는 매체인 크레파스, 연필과 종이가 있으면 좋고 때로는 로션을 사용하기도 하였다. 브로디는 이러한 입장을 토대로 구조화된 발달놀이치료 프로그램을 개발하였다.

브로디가 개발한 발달놀이치료는 아동이 조력자와의 일대일 놀이 시간을 통하여 기본적인 애착관계 맺기를 경험하고 이를 바탕으로 자신의 조력자와 함께 집단활동에 참여하도록 한다. 이런 발달놀이치료 프로그램을 통하여 아동은 애착에서 분리로 이어지는 과정을 인식해야 하며, 치료 진행과정에서 주어지는 분리경험을 통해 다시 새로운 애착관계를 형성할 능력을 얻게 된다. 일대일 놀이 시간을 통한 성인과의 의도적인 애착과 분리의 경험은 아동의 부모뿐만 아니라 그가 속한 환경과의 밀접한 관계형성을 돕는 기술을 획득하게 한다. 그리고 발달놀이치료 프로그램에서의 집단경험은 또래 및 다른 성인과의 상호 작용을 통해 지지받고 인정받는 느낌을 얻을 수 있는 동시에 일대일 관계에서 형성된 애착관계의 분리가 요구될 때 효과적으로 사용될 수 있다(김영희, 류진아, 송현정, 1995).

이러한 애착과 분리의 경험을 위해 발달놀이치료에서 주로 사용되는 개념은 신체접촉, 거리, 표정언어를 포함하는 '신체언어'이다. 신체접촉은 아동이 타인을 통해 자신을 경험하도록 해주며, 애착을 발달시키는 중요한 방법이 된다. 거리는 친밀한 거리(0-45cm), 인간적인 거리(45cm-1.2m), 사회적인 거리(1.2-3.5m), 대중적인 거리(3.5-7.6m)로 나눌 수 있는데(Hall, 1966), 목적에 따라 조절하여 사용함으로써 애착과 분리를 조절할 수 있다. 표정언어에는 눈 맞춤과 미소 등이 포함되는데, 눈 맞춤은 의사소통하고자 하는 의사를 나타내며, 미소는 관계에서의 불안을 감소시키고 안정감과 신뢰감을 증가시키며, 기쁨 등을 표현하는 도구로서 아동과 조력자의 긍정적인 감정발달에 중요하다.

이에 덧붙여 발달놀이치료에서 사용되는 개념으로 아동의 창의성과 상상력을 최대로 활용할 수 있는 '이완과 상상놀이'가 있다. 이완과 상상놀이는 아동의 불안과 저항을 감소시키고, 무의식 속에 억압된 사고, 감정, 경험 등을 발산하도록 해준다. 이를 위해 근육의 긴장과 이완, 심상을 이용한 이완, 유도적 환상들이 활용될 수 있다.

발달놀이치료 프로그램은 대체로 아동과 성인 조력자의 '일대일 놀이'(30분), 아동과 성인 조력자가 한 집단이 되어 전체 그룹이 빙 둘러앉아 함께 하는 '집단활동'(Circle Time, 30분)으로 구성된다. 그리고 성인 조력자는 모임이 시작하기 전에 30분 동안 치료자와 만나 준비 시간을 가지며, 모임이 끝난 뒤에 치료자와 함께 한 시간 동안 지도회의를 갖는다.

일반적으로 이 모든 과정은 대개 5~7세 아동을 대상으로, 보통 6~8명 정도의 아동과 같은 수의 성인 조력자로 이루어진 집단에서 수행된다. 치료 대상에 있어서는 정서적으로 결핍된 아동으로부터 정상 아동에 이르기까지 또한 유아에서부터 청소년, 심지어는 성인들에 이르기까지 적용 가능하며, 그 효과 면에 있어서도 치료 및 교정뿐 아니라 성장 및 발달을 도모할 수 있다(Brody, 1978).

프로그램의 내용에 따라 기간과 시간은 융통적인데, 브로디는 일주일에 한 시간씩 6개월을, 구아머(Guamer)는 75분씩 15주를, 그리고 소집단에 적용된 발달놀이는 45분씩 12주를 제안 또는 실시하고 있다.

프로그램을 진행하는 집단 지도자는 발달놀이의 모든 집단 구성원과 프로그램을 총괄하는 존재이다. 즉, 집단 지도자는 전체 프로그램을 짜고, 아동과의 활동시간 전후에 이루어지는 성인 훈련시간을 담당하고, 집단활동을 지도하며, 일대일 놀이 시간 동안 아동과 함께하면서 도움을 필요로 하는 성인을 돕는다.

아동의 동반자가 되는 성인 조력자는 보통 자원봉사자나 비전문가가 활용되는데 아동의 친부모나 선생님, 또는 대학생, 지역사회 학부모 등이 다양하게 참여할 수 있다. 단, 이들에게는 아동과의 애착과 분리에 대한 인식과 자기개방, 신체접촉의 필요성, 그리고 집단 지도자의 슈퍼비전 수용이 요구되며 이런 것들은 준비훈련이나 사후 회의를 거쳐 준비될 수 있다(김영희 외, 1995).

앞에서 살펴본 바와 같이, 발달놀이치료 프로그램은 내용이나 형태가 구조화된 편이지만 이 프로그램을 개발한 브로디는 가장 성공적인 놀이 활동은 개인의 필요에 따라 개발, 수정하는 융통성이 요구된다고 말하고 있다.

2) 부모참여 부모교육

부모는 아동 발달에서 핵심적인 역할을 하는 중요한 존재로 자녀의 성장과 발달에 결정적인 역할을 한다. 부모가 자녀들을 바람직한 방향으로 육성하기 위해서는 부모교육이 필요하다. 현대 사회의 부모들에게 부모교육이 필요한 이유는 다음과 같다.

첫째, 바람직한 부모 역할에 대해서는 많은 정보가 존재하는데, 부모가 자신에게 가장 적절하고 자녀에게 가장 효율적인 정보를 찾아 활용하는 것을 돕기위해 부모교육이 필요하다.

둘째, 현대 사회의 특성과 관련하여 부모교육이 필요하다. 현대 사회는 가족구조가 변화하여 자녀를 양육하기 위한 적절한 모델은 부족하고 빠르게 변화하는 특성이 있다. 아동이 자라서 살아갈 미래 사회는 현재보다 더 급속하게 변화가 진행될 것이고, 부모는 아동이 살아갈 미래 사회에 적절한 사고방식과 능력 등이 무엇인지를 배울 필요가 있다. 한편으로 현대의 가족들은 이전에 비해 많은 스트레스를 경험하고 있다. 스트레스를 경험하는 부모와 아동들은 부모교육을 통해 지원을 받을 수 있다. 적절한 양육 모델의 제시, 미래 사회에 대한 준비, 사회적 지원을 위해 부모교육이 필요하다.

셋째, 가정과 교육기관과의 연계성을 확립하여 일관성 있는 교육을 하기 위해 부모교육이 필요하다.

넷째, 부모는 부모교육을 통하여 부모로서 성장할 기회를 얻는 동시에 인간으로서의 가능성을 실현시킬 수 있는 기회를 얻을 수 있다.

이러한 의의를 지닌 부모교육을 받은 부모의 자녀들에게서는 여러 가지 효과를 발견할 수 있다. 그들은 정서가 안정되고 사회적 능력이 향상되어 부모를 대하는 태도가 향상되었을 뿐만 아니라 자기 신뢰감이 증가하였고, 성취불안이 감소하였으며, 교사와 바람직한 관계를 갖고자 하는 욕구를 나타내는 행동들이 증가한 것으로 나타났다. 또 자아존중감이 향상되었으며, 언어, 인지 발달 및 학업성취능력이 향상된 것으로 나타났다. 특히 사회적으로 혜택을 받지 못하는 저소득층의 부모를 대상으로 하여 부모교육 프로그램과 구조화된 언어교육과정을 병행해서 실시한 경우 자녀의 언어 발달을 향상시키는 데 효과적인 것으로 나타났다. 또한 부모교육은 대상인 부모와 자녀뿐만 아니라 주위의 가족, 친구, 지역사회, 교사 및 교육기관에 이르기까지 수평적인 파급효과를 가져오는 것으로 나타났다. 가정 내에서는 부부관계나 형제관계가 향상되었고 가족의 응집력이 높아졌으며, 가정과 교육기관 간의 상호 신뢰감이 증진되었다(정옥분, 정순화, 2000).

한편, 부모교육은 부모참여, 부모훈련, 부모개입, 부모의 지지, 부모 역할하기와 같은 용어와 혼용되어 사용되기도 한다. 그중 부모참여는 부모가 자녀의 교육을 위해 실제 교육활동과 운영에 참여하는 일체의 행동을 의미한다. 즉, 부모가 그들 자녀의 교육활동이 이행되는 전체 교육의 장에 참여하여 부모와 자녀, 부모와 교사 그리고 부모와 지역사회 구성원과 상호 작용하고 교육에 관련된 의사결정에 참여하는 것을 의미한다.

따라서 부모참여 부모교육은 부모가 자녀 양육 기술을 직접 배우고 익히는 부모교육 형태로 부모와 자녀에게 모두 큰 효과가 있다. 부모참여 부모교육을 통해 부모는 자녀 양육과 관련된 정보를 제공받을 수 있고 그것은 부모 자신으로 하여금 교육자로서의 부모 역할에 대한 자신감, 만족감, 긍정적인 자아개념을 갖게 한다. 자녀 양육에서 경험하는 불안 수준도 감소하고 자녀와의 의사소통 능력도 향상된다.

2. 프로그램의 구성

1) 프로그램의 한 학기 구성

집단발달놀이 프로그램의 이론적 모델이 된 것은 발달놀이치료이다. 앞 장에서도 설명하였었듯이, 고도로 구조화된 집단 형태의 치료 프로그램인 발달놀이치료는 원래 정서적, 사회적, 학습상의 어려움을 겪고 있는 아동을 돕기 위해 고안된 것으로, 아동이 타인과 관계를 맺는 데 있어 의미 있는 성인과의 긍정적이고 애정적인 상호 작용과 애착을 통해 개인적 어려움을 극복하고 성장을 도모하도록 하려는 것이었다.

본 프로그램에서는 주로 치료 장면에서 사용되었던 발달놀이치료 모델을 일반 아동에게까지도 유용한 프로그램으로 사용될 수 있도록 재구조화하였다. 기본이 되는 이론적 개념 및 구성 원리는 발달놀이치료 모델에 근거하되 아동의 전인적인 발달과 성장을 돕기 위해 연령대별로 발달에 적합한 다양하고 흥미로운 놀이 활동들을 고안하였다. 한편, 아동의 성장과 발달에 결정적인 역할을 하는 부모의 역할을 돕기 위하여 부모참여 부모교육의 형태를 도입하여, 아동의 조력자로서 부모(대개의 경우 어머니)가 아동과 쌍을 이루게 함으로써 부모와 아동이 함께 참여하는 집단발달놀이 프로그램을 완성하였다. 본 집단발달놀이 프로그램에서는 아동에게 의미 있는 성인 조력자로서 해당 아동의 부모가 참여하게 된다.

이에 따라, 집단발달놀이 프로그램은 일주일에 한 번, 부모와 아동이 프로그램의 진행자인 교사와 함께 50분간의 놀이 활동에 참여하도록 고안하였다. 일주일에 한 번씩 참여하는 집단발달놀이 프로그램은 12회기가 한 학기로 구성되어 있다. 25개월에서 36개월 아동을 위한 집단발달놀이 프로그램의 한 학기 구성을 예로 들어 보면 다음의 표 1과 같다.

표 1에서 볼 수 있듯이 집단발달놀이 프로그램은 크게 인지놀이와 운동놀이로 구성되며, 인지놀이와 운동놀이의 하위 놀이 유형에 따라 12주가 한 학기

로 구성된다. 또한 표 1에 제시하지는 않았지만 집단발달놀이 프로그램은 부모와 아동이 함께 참여하여 발달놀이 활동을 해 보는 놀이 시간뿐만 아니라 부모교육시간을 포함한 다양한 시간구성으로 이루어진다. 실제로 50분간의 회기가 시간대별로 어떤 활동들로 구성되어 운영되는지, 그리고 시간대별로 어떤 내용들을 담고 있는가를 알아보기 위해서는 집단발달놀이 프로그램의 시간대별 구성에 대한 이해가 필요하다.

〈표 1〉 25개월에서 36개월 아동을 위한 집단발달놀이 프로그램의 한 학기 구성

인지놀이	1주	3주	5주	7주	9주	11주
주제	감각인지놀이	창작인지놀이	탐구인지놀이	상상인지놀이	창착인지놀이	탐구인지놀이
	손의 힘	찍어서 꾸미기	짝짓기	상상해 보세요	다양한 재료로 만들기	즐거운 요리
노래	나처럼 해봐요	손을 씻어요	똑같아요	나는 콩	비행기	맛있는 간식
개별놀이 활동명	-오리기 -색깔막대 끼우기 -낚시놀이 -모양고무줄 만들기 -색물 옮기기	-종이 찍기 -모루 찍기 -염색그림 -거품 그림	-사진보고 물건짝짓기 -식탁 차리기 -곰돌이 빙고 -블록 모으기 -피자파티	-동물친구의 하루 -보고 듣고 따라 하고 상상하기 -음악 듣고 상상하여 표현하기	-액자 만들기 -인형 만들기 -내가 만든 타일	-샐러드 만들기 -코코아 타기
집단 놀이	애벌레 다리 만들기	비누거품 그림	우리 엄마 물건은?	음악과 함께	불어서 그리기	맛있게 먹어요
운동놀이	2주	4주	6주	8주	10주	12주
주제	대근육 운동놀이	사회성 운동놀이	창조적 운동놀이	대근육 운동놀이	사회성 운동놀이	창조적 운동놀이
	점프! 점프!	친구와 함께	느껴보세요	이쪽! 저쪽!	차례차례	신나게 놀아요
체조	빙빙 돌아라	유아체조	삐뚤빼뚤	둥글게 둥글게	오른발 왼발	우리 같이 춤춰요
개별놀이 활동명	-풍덩! 물속으로 -트램블린 뛰기 -허들 건너가기 -뛰어보자 -볼풀 속으로 점프	-손잡고 건너기 -친구야 까꿍 -공 던져 넣기 -둘이 함께 -스쿠터 타기	-그물놀이 -깡통 쓰러뜨리기 -코알라 옷 입히기 -물풍선놀이 -줄잡고 오르기	-지그재그 -빠르게 옮기기 -공중 공 피하기 -리본 감기 -공차서 악기 맞추기	-야구놀이 -풍선 운반하기 -과녁 맞히기 -고리 던지기 -공 나르기	-사다리 터널 놀이 -철봉놀이 -구르고 과자 따기 -옆으로 걷기
집단 놀이	과자 따기	함께 쌓기	따따따음악대	색종이 꼬리 잡기	함께 나르기	바통 넣기

2) 프로그램의 시간대별 구성

앞서 집단발달놀이 프로그램은 50분씩 주 1회로, 한 학기가 총 12주로 이루어져 있다고 했다. 그러면 50분간 진행되는 프로그램은 어떻게 구성될까? 크게는 '하하 안녕', '집단발달놀이 소개', '우리 모두 즐겁게', '발달놀이 해요', '우리 모두 다 함께', '도란도란', '안녕! 또 만나요'의 주제 시간으로 이루어져 있다. 전체 프로그램 진행은 놀이 진행과 아동과 부모의 참여도 등을 고려하여 융통성 있게 운영될 수도 있지만 일반적으로 다음과 같은 흐름에 따라 진행이 된다. 각 활동 시간에서 다루어지는 내용들은 다음과 같다. 괄호 안에는 각 활동시간 구성에 따라 대체로 소요되는 시간이 적혀 있다.

(1) 하하 안녕 (5′)

서로 둥글게 모여 앉아 1주일간의 소식을 묻고 인사를 나누는 시간이다. 집단으로 하는 인사와 개별 아동의 안부를 묻는 개별 인사 시간이 포함되어 있다. 서로 따뜻한 눈길을 주고받으며 안정적인 분위기로 진행된다.

(2) 집단발달놀이 소개 (5′)

그날의 주제와 관련한 집단발달놀이의 성격을 설명하고, 놀이 주제의 의미와 활동을 안내하는 시간이다. 주제에 따른 놀이 활동은 아동의 연령별 특성을 고려하여 계획된 것이므로 부모들에게 놀이 활동에 참여하는 아동들의 연령별 특성은 어떠한지, 이에 따라 어떤 놀이 활동이 요구되는지, 오늘의 주제에 따른 놀이 활동의 의의 및 발달적으로 기대되는 효과는 어떤 것들이 있는지, 부모가 아동과 함께 놀이에 참여할 때에는 어떤 태도로 아동에게 도움을 줄 수 있는지에 대해 소개한다. 부모들은 이 시간을 통하여 그날의 놀이 활동에 대한 계획을 세울 수 있다.

(3) 우리 모두 즐겁게 (5′)

놀이 활동 주제에 따른 도입시간이다. 이 시간은 아동들의 정서적 긴장을 해소하고 놀이 활동에의 기대감을 높일 수 있도록 고안되었다. 놀이 유형에 따라 간단한 노래, 손 유희, 체조, 율동 등이 다양하게 사용될 수 있다. 그날의 놀이 활동 주제와 참여하는 아동의 연령과 적절한 노래 및 손 유희를 소개함으로써 부모가 가정에서도 아동과 지속적으로 해 볼 수 있도록 고안하였다.

(4) 발달놀이 해요 (15′)

놀이 주제에 따라 고안된 놀이 활동을 하는 시간이다. 이 놀이 시간에는 주로 부모와 아동이 집중하여 놀이할 수 있는 개별 놀이 활동들이 주어진다. 부모와 아동이 놀이할 때, 교사는 부모와 아동의 개별 상호 작용이 원활하게 일어나도록 돕는다. 부모가 놀이 참여에 소극적일 때에는 적극적인 상호 작용을 보여 줌으로써 부모가 모델링 할 수 있도록 도우며, 아동이 놀이 참여에 소극적일 때에는 놀이에의 관심을 유발할 수 있도록 준비된 놀잇감으로 놀이하는 방법을 시연해 보임으로써 아동의 흥미를 이끌 수 있다. 이 시간의 개별 활동을 통하여 아동은 다양한 놀잇감을 탐색하고 다루어 보는 경험을 할 수 있으며, 부모는 교사의 도움을 얻어 아동과 상호 작용하는 방법을 배우게 된다. 또한 직접 활동을 해 보는 경험을 통하여 부모는 가정에서 일어나는 일상적인 생활에까지 놀이를 연장할 아이디어를 얻게 된다.

(5) 다 함께 모여요 (10′)

개별 집단발달놀이 시간이 끝나면 부모와 아동들이 놀이활동 자료를 정리하고 모여 앉는다. 모여 앉을 때에는 가능하면 원 대형으로 모이는 것이 좋다. 놀이 주제와 관련하여 부모와 아동 모두가 참여할 수 있는 집단 놀이 활동이 이 시간에 이루어진다. 집단 놀이 또한 그날의 놀이 주제의 연장선상에서 이루어진다.

(6) 도란도란 (5′)

도란도란 이야기 나누는 시간은 크게 두 가지 내용으로 이루어진다. 먼저,

그날의 집단발달놀이에 참여한 느낌을 함께 공유한다. 둘째, 부모교육 자료를 이용하여 부모와 함께 아동들의 양육과 관련한 문제, 아동들의 연령과 관련하여 부모가 알아두어야 할 점, 경험한 집단발달놀이 활동을 가정에서 어떻게 연계시킬 수 있는가에 대해 이야기 나눈다. 도란도란 시간을 통하여 부모들은 그날의 놀이 활동을 새롭게 정리해 보고, 다른 이와 느낌을 공유한다. 도란도란 시간에 부모들에게 제공되는 부모교육 자료에는 그날의 주제 활동을 가정에서는 어떻게 확장하여 할 수 있을지를 보여 주는 정보와 연령에 따른 양육 정보가 들어간다. 준비된 부모교육 자료를 토대로 가정에서 어떤 놀이 활동을 할 수 있을지 함께 이야기 나누어 보고, 같은 연령대의 아동을 키우는 부모들과 이야기하며 새로운 양육 정보를 얻기도 한다. 또래 아동들이 부딪히는 문제 상황에 대한 적절한 대처법을 교사와 다른 부모들을 통하여 얻을 수도 있는 시간이다. 이 시간을 통하여 부모는 아동의 양육에 대해 자신감을 얻을 수 있다.

(7) 안녕! 또 만나요 (5′)

다음 시간에 만날 것을 약속하며 노래를 부르면서 함께 인사한다. 활동 시간 '안녕! 또 만나요' 시간도 활동 시간 '하하 안녕' 시간과 같이 전체 인사 시간과 개별 인사 시간을 포함하고 있다. 전체 인사는 노래를 통해 행해지며 개별 인사는 개별 아동을 일일이 안아주며 인사하는 등의 다양한 인사 방식이 사용된다. 이를 통하여 교사와 아동 간의 유대감을 높임과 동시에 아동의 놀이 활동에 대해 구체적이고도 애정적인 격려를 할 수 있다.

3) 프로그램의 활용법

이 책에서 소개하고 있는 집단발달놀이 프로그램은 실제 교육현장에서도 사용 가능하도록 주별, 시간별 구성을 고려하여 프로그램을 소개하고 있다. 뿐만 아니라 가정에서도 부모가 아동과 함께 상호 작용하면서 프로그램을 활용할 수 있도록 고안하였다.

집단발달놀이 프로그램을 활용하여 부모와 아동, 그리고 교사와 아동이 상호 작용을 할 때에는 일반적으로 다음과 같은 점에 유의하여 활동할 필요가 있다.

첫째, 아동의 특성을 잘 고려하여 상호 작용한다. 아동은 서로 다른 능력과 흥미를 가지고 있다. 어떤 아동은 특정 놀잇감에 집착하여 놀이하기도 하고 어떤 아동은 운동놀이만을 즐기기도 한다. 아동이 흥미와 관심을 보이는 영역에 따른 융통성 있는 지도가 필요하다.

둘째, 아동의 활동을 지나치게 끌어내려고 하기보다는 기다려 주는 여유가 필요하다. 아동들은 독립심과 자발성을 키워 주어야 한다. 아동이 놀이 활동을 잘 수행하지 못한다고 해서 할 일을 먼저 하거나 대신해 주기보다는 아동이 놀이 활동에 의욕을 보이도록 돕거나 아동의 활동을 관찰하고 지켜보는 시간을 통해 아동을 어떤 방식으로 놀이에 이끌 것인지를 생각하며 놀이를 진행한다.

셋째, 아동이 자신의 의사를 적절한 방법으로 표현할 수 있도록 돕는다. 놀이에 참여한 아동들은 종종 자기가 원하는 놀잇감을 갖기 위해 떼를 쓰거나 우는 행위를 한다. 아동이 자신의 의사를 적절한 방식으로 표현하여 원하는 것을 얻을 수 있도록 도와야 한다.

넷째, 아동의 발달 수준에 맞는 놀이 활동을 선택하도록 돕는다. 집단발달놀이 프로그램은 비록 연령별 발달에 적합하도록 고안되기는 하였지만 아동이 모든 놀이 활동을 완전하게 수행할 수 있을 것이라고 기대하기는 어렵다. 예를 들어, 25개월에서 36개월 아동을 위한 놀이 활동들이라고 하더라도 25개월의 아동은 36개월 아동이 수행할 수 있는 놀이 활동을 어려워할 수도 있다. 아동들의 활동에 대한 선택을 존중하여 지도한다.

다섯째, 아동의 안전을 항상 염두에 둔다. 아동들의 행동은 간혹 예측하기가 어려우므로 항상 안전에 유의해야 한다.

여섯째, 신뢰감 있는 분위기 형성을 통하여 놀이가 원활하게 이루어지도록 돕는다. 놀이 활동 지도 시, 교사와 부모의 신뢰감 있고 협조적인 관계형성 및 성인과 아동의 신뢰감 있는 분위기는 아동이 많은 것들을 배우고 느낄 수 있는 데 도움이 된다.

제**3**장

집단발달놀이 프로그램의 실제

제3장에서는 먼저 실제 현장에서 사용할 수 있는 12주 회기의 구조화된 집단발달놀이 프로그램을 소개하였다. 또한 본서에서 소개하고 있는 집단발달놀이 프로그램에서는 사용되지 않지만 25개월에서 36개월의 아동과 함께할 수 있는 다양한 놀이 활동을 제시하였다. 이는 실제에서 성인과 아동이 함께 놀이할 때 참고할 수 있을 것이다. 마지막으로 아동과 부모를 위한 부모교육 자료에서는 25개월에서 36개월 아동의 발달과 관련하여 부모가 생각해 봐야 할 중요한 주제들을 다루었다.

제3장

집단발달놀이 프로그램의 실제

1. 25개월에서 36개월 아동을 위한 집단발달놀이 프로그램

1주 집단발달놀이 프로그램
놀이 유형: 감각인지놀이
놀이 주제: 손의 힘
놀이 목표: 한 학기 동안 놀이할 놀이방을 익힌다.
손가락의 힘을 조절하는 놀이 활동을 통하여 감각능력의 발달을 돕는다.

1) 만남의 인사시간 「하하 안녕」

(1) 전체 인사

① 교사와 아동, 엄마가 함께 모여 노래에 따라 인사를 한다.

② 노래를 모두 함께 부르며 만남의 즐거움을 표현한다.

♪ 전체 인사 노래
안녕하세요, 선생님. 안녕 안녕, 친구들.
재미있게 놀아요. 함께 놀아요. ○○○에서.

(2) 개별 인사
① 노래에 따라 아동 한 명씩 이름을 넣어 인사한다.
② 아동의 이름을 부를 때마다 아동을 가리킨다.
③ 아동이 엄마의 도움을 받아 다른 사람들에게 인사하도록 돕는다.

♪ 개별 인사 노래
○○○, ○○○ 어디 있나요?
여기 여기 안녕하세요.

2) 놀이주제 소개시간 「집단발달놀이 소개」

① 오늘의 집단발달놀이 주제에 대해 소개한다.
② 주제에 따른 놀이의 의의 및 효과에 대해 함께 소개한다.

"25개월에서 36개월의 아이들에게는 감각놀이를 경험하는 것이 곧 학습입니다. 감각놀이에는 손 및 손가락과 같은 소 근육을 사용하는 놀이, 그리고 보고, 듣고, 맛보고, 냄새 맡고, 느끼는 활동을 활용하여 오 감각 능력을 발달시키는 놀이가 있습니다. 아이들은 감각적인 경험을 통해 사물과 주변 환경을 덜 잘 이해하게 됩니다. 어렸을 때의 충분한 감각 경험은 이후의 수학 학습 능력 및 언어 학습 능력에도 영향을 미칩니다. 예를 들어, 사물의 형태를 비교하는 수학적인 개념이 형성되기 위해서는 사물을 정확하게 인식하는 능력이 선행되어야 합니다. 글자의 형태를 알고 글자를 익히기 위해서는 다양한 모양을 인식하고 지각하는 능력이 선행되어야 합니다. 이렇듯 풍부한 감각적인 경험은 아이의 학습능력의 기초가 됩니다. 우리가 익히 알고 있듯이, 인간은 손으로 도구를 사용하게 됨으로써 다른 영장류에 비해 비약적인 발전을 이룩해 왔습니다. 아이가 손을 사용하여 여러 가지 놀잇감을 다루어 보는 것은 아이의 능동적인 학습능력을 키워가는 것입니다. 오늘은 아이들의 소근육 능력을 증진시키는 놀이를 준비했습니다. 24개월 이전에 비해 아이들은 더 많이 손가락을 사용하고 조절할 수 있게 되므로, 오늘은 아이들이 손가락의 근육을 조절하여 할 수 있는 놀이들을 준비했습니다. 소근육 능력은 손가락의 힘만으로 되는 것은 아니고 눈과 손의 협응력의 발달과 함께 증진되는 것입니다. 오늘 놀이를 통하여 가정에서도 아이와 함께 할 수 있는 소근육 놀이를 고안할 수 있게 된다면 더욱 유익한 시간이 될 것입니다.

3) **노래 및 율동시간**「우리 모두 즐겁게」

♪ 나처럼 해봐요

① 아동들과 함께 본격적인 놀이 활동 전에 긴장을 해소하기 위하여 노래를 부른다.
② 교사가 어떤 노래인지 소개하고 1회 정도 먼저 불러 본다.
③ 분위기에 따라 2, 3회 반복하여 불러 본다.
④ 여러 가지 동작을 만들어 노래하고 율동할 수 있다.
⑤ 아동들의 노래 및 율동을 격려한다.

　　　나처럼 해봐요
　　　나처럼 해봐요 이렇게
　　　나처럼 해봐요 이렇게

나처럼 해봐요 이렇게
아이 참 재미있네.

4) 개별놀이시간 「발달놀이해요」

오리기

놀이 자료
플레이도우, 비닐, 잡지, 솜, 도화지, 두꺼운 도화지, 색종이, 가위, 바구니, 풀, 셀로판테이프

놀이 자료의 구성
① 놀이 자료는 각각 따로 바구니에 담아 준비한다.
② 가위는 아이들 수만큼 준비한다.

놀이 방법
① 준비된 자료들을 아이와 함께 탐색해 본다.
  "우리가 가지고 놀아본 적이 있는 플레이도우가 있구나. 엄마랑 함께 주
  물러 보자. 떼어도 보고 길게 주욱 늘여도 보자."
  "솜은 만져보니 폭신하고 따뜻해요."
  "종이를 두 손으로 구겨보니 소리가 나요."
  "살랑살랑, 비닐을 흔드니 바람이 나오네. 비닐 건너로 ○○이 얼굴이 보
  이는구나. ○○아, 안녕!"
② 탐색한 자료들을 가위로 잘라 보도록 돕는다.
  "이 자료들을 잘라볼까?"

"무엇으로 자를까?"

"이 가위로 잘 잘라질까?"

③ 자료를 자를 때의 느낌을 이야기 나누며 잘라 본다.

"사각사각, 자를 때 소리가 나네."

"하은이가 삐죽삐죽 잘도 자르네."

"색종이는 동그란 모양으로 잘랐구나."

④ 아이들이 다양한 자료들을 잘라보도록 돕고, 그 느낌을 함께 이야기 나누어 본다. 자른 자료들은 따로 바구니에 정리하거나 아이가 원한다면 자른 자료들을 도화지에 붙여 구성활동을 하도록 할 수 있다.

색깔 막대 끼우기

놀이 자료

색깔막대

놀이 자료의 구성

① 색깔막대는 시중에 판매되는 어떤 것이든 사용이 가능하다. 그러나 아이

가 서열개념까지 함께 학습할 수 있도록 하기 위해서는 높이가 다른 막대들로 구성된 색깔막대가 좋다.

② 색깔막대 대신에 끼우고 뺄 수 있는 나무 퍼즐도 소근육 활동에 적합하므로 대체하여 사용이 가능하다.

놀이 방법

① 색깔 막대를 굴려서 아이의 관심을 색깔막대로 유도하거나 간단한 노래와 함께 제시할 수 있다.

"파란색 막대기가 ○○이 앞으로 굴러가네."

"빨강은 어디 있나. 요기! 와! 빨간색 막대가 여기 있었구나."

② 색깔 막대를 끼우는 판에 막대를 끼워 본다.

"노란색 막대는 어디에 끼울까?"

"○○이가 아주 잘 끼웠어요."

③ 아이가 끼우기에 익숙해지면 색깔막대의 높이에 따라 차례로 세워 보도록 유도한다. 혹은 색깔에 따라 끼워 보기를 유도할 수도 있다.

"이번에는 노란색 막대만 이쪽에 끼워볼까요?"

"이 막대들 사이에는 어떤 막대가 와야 할까?"

낚시 놀이

놀이 자료

낚시놀이도구, 알루미늄호일, 클립, 자석, 나무젓가락, 털실, 셀로판테이프, 대야, 물

놀이 자료의 구성

① 낚시놀이도구는 시중에 판매하는 것을 구입하여 사용할 수 있다.
② 구입이 용이하지 않다면 낚시도구를 직접 제작하여 사용할 수 있다. 만드는 방법은 다음을 참고한다.
- 알루미늄호일을 물고기 모양으로 자른다.
- 입부분에 클립을 끼운다.
- 털실과 셀로판테이프를 이용하여 나무젓가락과 자석을 연결한다. 아이의 연령과 발달수준을 고려하여 나무젓가락과 자석을 연결하는 털실의 길이를 조절한다.
- 대야에 적당한 물을 넣고 클립을 끼운 물고기를 띄워 놓는다.

놀이 방법

① 아이와 함께 준비된 자료를 탐색한다.
  "물속에 무엇이 있니?"
  "물고기를 어떻게 잡을 수 있을까?"
② 준비된 낚시도구로 물고기를 잡아 본다.
  "○○이가 직접 이 낚싯대로 물고기를 잡아 볼까요?"
③ 아이가 낚시에 익숙해지면 몸의 조절력을 향상시키기 위하여 털실의 길이를 다소 길게 하여 물고기를 잡아 보거나 물을 약간 휘저어 주어 움직이는 물고기를 잡도록 할 수 있다.
  "물고기가 많이 움직인다. 잘 잡히지 않더라도 엄마와 함께 천천히 잡아

보자."

모양 고무줄 만들기

놀이 자료
지오보드 판, 색 고무줄

놀이 자료의 구성
지오보드판은 시중에 판매하는 것을 구입해서 사용할 수도 있지만, 나무판에 모양 압정을 꽂아 넣어 제작하여 사용할 수도 있다.

놀이 방법
① 아이와 함께 여러 가지 방법으로 고무줄을 탐색해 본다.
　"고무줄을 길게 늘려 보세요. 고무줄이 길어졌네."
　"고무줄을 살짝 놓아 보자. 고무줄이 다시 짧아졌어요."
　"엄마 손가락에 고무줄을 걸었더니 고무줄이 세모 모양이 되었어요."
② 탐색한 고무줄을 지오보드 판에 끼워 여러 가지 모양을 만들어 본다.
　"고무줄을 판에 끼워 보자. 이번에는 세모 모양이 되었어요."

"세모 모양의 고무줄 밑에 또 고무줄로 모양을 만들어보자. 어떤 모양이
되었니?"
③ 아이의 활동을 격려하며 여러
가지 모양을 구성해 본다.

색 물 옮기기

놀이 자료
스포이드, 비이커, 물, 물감

놀이 자료의 구성
① 물에 물감을 섞어 색물을 담는다.
② 여러 가지 색 물이 담긴 비이커의 수와 빈 비이커의 수를 같은 수만큼
준비한다.

놀이 방법
① 어떤 색깔의 물이 있는지 함께 살펴본다.
"여러 가지 색의 색깔 물이 있구나. 빨간색 물, 파란색 물, 노란색 물."
② 스포이드를 이용하여 색 물을 비어있는 비이커에 옮기는 것을 아이에게
보여 주어 아이의 흥미를 유발한다.

"이제 **빨간색** 물이 다른 곳으로 갈 거예요. 어디로 갈까요?"

"스포이드가 색 물이 움직이는 것을 도와주었어."

"○○이도 해 볼까?"

③ 아이가 자유롭게 스포이드를 이용하여 색 물을 옮겨 보도록 한다.
아이의 활동을 격려한다.

"이번에는 상당히 많은 색 물을
옮겼네. ○○이가 스포이드를 잘
사용할 수 있게 되었구나."

5) 집단놀이시간「다함께 모여요」

애벌레 다리 만들기

놀이 자료

부직포, 본드, 모형 눈알, 빨래집게, 바구니

놀이 자료의 구성

① 부직포를 이용하여 아이들의 수만큼 애벌레를 만든다. 만드는 과정은 다
음을 참고한다.

−부직포를 지름 5㎝ 정도의 원으로 잘라 낸다.

−원모양의 부직포를 두 겹으로 붙인 후 이들을 서로 연결하여 애벌레 모양

을 만든다.

－모형눈알을 붙인다.

② 빨래집게와 유사한 집게를 바구니에 담아 준비한다. 이때 사용되는 집게
는 새 것보다는 오래 사용하여 잘 집히는 집게가 좋다.

놀이 방법

① 아이들에게 애벌레를 제시한다.

"꿈틀꿈틀, 주황색 애벌레가 왔어요. 그런데 애벌레는 다리가 없어서 멀
리 갈 수도 없고 우뚝 설 수도 없어요. 누가 날 좀 도와주세요."

② 준비한 집게로 애벌레의 다리를 만들어 줄 것을 제안하고, 엄마와 함께
아이가 직접 만들어 보도록 돕는다.

"이 집게로 애벌레의 다리를 만들어 줄 수는 없을까?"

"엄마와 함께 다리를 만들어 주자."

③ 엄마와 아이들의 놀이를 격려한다.

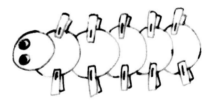

6) **부모교육시간** 「도란도란」

① 노래를 부르며 부모교육 자료를 엄마에게 전달한다.

♪ 편지 왔어요.

편지 왔어요. 편지 왔어요.

○○○, 편지 왔어요.

② 놀이에 참여한 경험에 대한 느낌과 부모교육 자료의 내용에 대해 이야기
나눈다.

"오늘은 아이들과 함께 손을 움직이는 놀이 활동을 다양한 자료를 활용
하여 해 보았습니다. 아이들과 함께 놀이해 본 느낌이 어떠십니까? 집에
있는 자료들을 활용하여 손을 활용한 놀이를 한다면 어떤 놀이를 할 수
있을까요?"

③ 부모교육 자료는 뒤 장에 제시된 놀이 활동과 부모교육 자료를 활용한다.

▶ 놀이활동 자료: 뚜껑 여닫기, 찢어 꾸미기, 손톱깎이를 사용해 보아요.

▶ 부모교육 자료: 자발성을 길러 줍시다.

7) 헤어짐의 인사시간 「안녕! 또 만나요」

① 노래를 부르며 헤어질 시간임을 알린다.

♪ 안녕
안녕 안녕, 선생님. 안녕 안녕, 친구들.
다음 주에 만나 재밌게 놀자. 안녕 안녕 안녕.

② 아동들 각각과 인사한다.

"오늘도 잘 놀았어요."

"선생님과 인사하고 돌아가자."

"다음 주에도 건강한 모습으로 만나자."

```
┌─────────────────────────────────────────────────┐
│              2주 발달놀이 프로그램                   │
├─────────────────────────────────────────────────┤
│  놀이 유형: 대근육 운동놀이                          │
│  놀이 주제: 점프! 점프!                             │
│  놀이 목표: 안전하고도 다양한 위치에서 뛰어 보는 경험을 통해  │
│            다리의 근력을 기른다.                      │
│            몸을 움직여 목표물을 습득하도록 고안된 놀이 세팅  │
│            을 이용하여 놀이하는 과정을 통해 자신감과 성취감  │
│            을 기른다.                               │
└─────────────────────────────────────────────────┘
```

1) 만남의 인사시간 「하하 안녕」

(1) 전체 인사

① 교사와 아동, 엄마가 함께 모여 노래에 따라 인사를 한다.

② 노래를 모두 함께 부르며 만남의 즐거움을 표현한다.

> ♪ 전체 인사 노래
> 안녕하세요, 선생님. 안녕 안녕, 친구들.
> 재미있게 놀아요. 함께 놀아요. ○○○에서.

(2) 개별 인사

① 노래에 따라 아동 한명씩 이름을 넣어 인사한다.

② 아동의 이름을 부를 때마다 아동을 가리킨다.

③ 아동이 엄마의 도움을 받아 다른 사람들에게 인사하도록 돕는다.

> ♪ 개별 인사 노래
> ○○○, ○○○ 어디 있나요?
> 여기 여기 안녕하세요.

2) 놀이주제 소개시간 「집단발달놀이 소개」

① 오늘의 집단발달놀이 주제에 대해 소개한다.
② 주제에 따른 놀이의 의의 및 효과에 대해 함께 소개한다.

"오늘의 놀이 활동은 아이의 근력을 발달시키는 놀이 활동입니다. 근력을 키워주는 놀이 활동으로는 여러 가지가 있습니다만, 오늘은 점프를 통해 다리의 근력을 기르고 동시에 몸의 협응 능력을 기를 수 있는 활동을 준비했습니다. 점프란 뛰어내리기보다는 뛰어오르는 도약을 의미합니다. 두 발로 도약할 수 있는 시기는 만 3세, 그러니까 36개월이 가까워지면서입니다. 때문에, 오늘의 활동이 아이들에게는 조금 어려울 수도 있습니다만 아이들이 점프하기를 워낙 즐기기 때문에 아이가 완벽하게 수행하기를 강요하지 않는다면 즐겁게 놀이할 수 있을 것입니다. 오늘 준비된 활동으로는 점프하여 풍선을 터뜨리는 '풍덩! 물속으로', 트램블린 위에서 점프를 해 보는 '트램블린 뛰기', 두 발을 모아 낮은 허들을 건너가서 인형을 붙이고 돌아오는 '허들 건너가기', 아이가 어느 정도 점프할 수 있는지 알아 볼 수 있는 '뛰어 보자', 그물을 타고 볼풀장으로 기어 올라가 볼풀장으로 점프하는 '볼풀 속으로 점프' 활동이 계획되어 있습니다. 엄마와 아이가 짝이 되어 점프 활동을 하시고 다 함께 모이는 시간에는 모두 모여 과자 따기 놀이를 해 보려고 합니다. 간단한 놀이 소개를 통해 알 수 있으시겠지만, 이 놀이들은 모두 점프 활동과 함께 풍선을 터뜨리거나 인형을 붙이거나 과자를 따 먹는 등의 목표가 있는 활동입니다. 목표물을 습득하거나 목표물을 향해 이동하는 과정을 통해 아이들은 성취감과 자신감을 맛볼 것입니다. 점프하기는 25개월에서 36개월의 아이들이 워낙 좋아하는 활동이기도 하지만 활동 세팅의 난이도에 따라 힘들어하는 활동도 있을 것입니다. 그럴 때마다 충분한 격려로 아이들이 도전하여 볼 수 있도록 도와주세요. 목표물에 도달하여 활동을 해내는 것보다는 아이들이 놀이하는 것을 즐기고 그 안에서 엄마와 신뢰감 있는 관계를 형성하는 것이 더욱 중요하다는 점을 잊지 마세요."

3) 노래 및 율동시간 「우리 모두 즐겁게」

♪ 빙빙 돌아라

① 아동들과 함께 본격적인 놀이 활동 전에 율동을 한다.
② 교사와 부모, 아이들이 손을 잡고 원 대형으로 선다.
③ 가사에 따라 움직인다.
④ 마지막 소절의 '안으로 모여라' 부분에서 안으로 모인 후 '야!' 하고 소리
치며 개별 놀이 활동 공간으로 간다.

> 빙빙 돌아라
> 손을 잡고 오른쪽으로 빙빙 돌아라
> 손을 잡고 왼쪽으로 빙빙 돌아라
> 뒤로 살짝 물러섰다 앞으로 다시 모여서
> 손뼉 치고 안으로 모여라.

4) 개별놀이시간 발달놀이 해요

풍덩! 물속으로

놀이 자료
반 도넛 2개, 작은 낙하산, 파란색 비닐테이프

놀이 자료의 구성
① 반 도넛 2개를 연결하여 원형 모양으로 만든다.
② 도넛 안에 작은 낙하산을 깐다.

③ 비닐 테이프를 길게 오려 내어 약간 폭신한 느낌이 들 정도의 양을 작은
   낙하산 위에 올려놓는다.

놀이 방법

① 아이의 상상력을 자극하며 아이가 반 도넛 위로 기어오르도록 돕는다.
   "둥근 도넛 안에는 무엇이 있을까? 이곳을 기어올라 보세요. 영차, 영차."
② 반 도넛 위에서 도넛 안에 무엇이 있는지 보도록 돕는다.
   "이 안은 푸른 물 속이에요."
   "들어 보세요. 푸른 물을 움직였더니 소리도 나요."
③ 반 도넛 안으로 뛰어내리도록 돕는다.
   "우리 물속으로 풍덩 들어가 볼까요?"
④ 반 도넛 안의 파랑색 테이프 자료를 흩뿌리며 놀이한다.
⑤ 아이의 활동을 격려한다. 아이가 원한다면 점프 활동을 반복하여 해 볼
   수 있다.
   "위에서 아래로 다시 뛰어내려 볼까?"

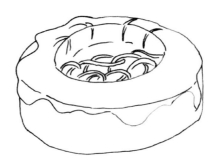

트램블린 뛰기

놀이 자료

삼단계단, 삼각사다리, 트램블린, 계단, 삼각사다리, 헝겊 딸랑이

놀이 자료의 구성

① 삼단계단, 삼각사다리, 트램블린, 계단, 삼각사다리를 차례로 배치한다.
② 트램블린의 위편 천장으로부터 헝겊 딸랑이를 늘어뜨려 둔다.

놀이 방법

① 삼각사다리를 지나 삼단계단 위에 올라선다.
② 삼단계단의 위에서 트램블린으로 점프한다.
③ 트램블린에서 점프하면서 놀잇감을 쳐서 소리를 내본다.
④ 아이의 활동을 격려한다.

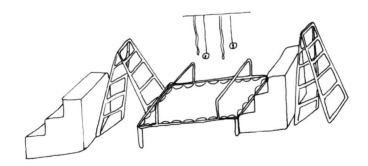

허들 건너가기

놀이 자료
허들 4개, 융판, 부직포 인형, 바구니

놀이 자료의 구성
① 허들은 신문지와 종이 벽돌 블록을 이용하여 만들 수 있다. 만드는 과정
　은 다음과 같다.
− 신문지를 세로로 돌돌 말아 바 모양으로 만든 후, 셀로판테이프로 바 모
　양을 완성한다.
− 만들어진 신문지 바의 양 끝 부분을 종이 벽돌 블록 위에 붙인다.
− 종이 벽돌 한 개 위에 신문지 바를 붙이면 낮은 허들이 되고, 종이 벽돌
　을 두 단으로 쌓은 후 신문지 바를 붙이면 다소 높은 허들이 된다.
② 부직포를 이용하여 인형 모양을 만들고 뒤에 찍찍이를 붙인다.
③ 융판을 중심으로 양편으로 허들을 두 개씩 둔다.
④ 허들이 끝나는 지점에 부직포 인형을 담은 바구니를 둔다.

놀이 방법
① 바구니에서 부직포 인형을 꺼내 든다.
　"○○이가 좋아하는 인형을 하나 꺼내 보자."
② 부직포 인형을 들고 두 발을 모아 허들을 뛰어넘는다.
　"허들을 뛰어넘어 보자. 걸어서 건널 수도 있지만, 오늘은 두 발을 모아
　뛰어서 건너 보자."
③ 허들을 모두 건너면 융판에 들고 간 부직포 인형을 붙인다.
　"○○이가 허들을 잘 건넜어요. 이제 들고 온 인형을 이 융판 위에 붙여
　주세요."
　"다른 인형도 붙여 줄까? 바구니로 가서 인형을 들고 뛰어오세요."

④ 아이의 활동을 격려한다. 양쪽으로 놓인 허들을 이용하여 엄마와 게임
   형식으로 다시 활동을 해 본다.
   "엄마와 게임을 하며 놀이해 볼까? 엄마와 ○○이가 인형을 하나씩 들었
   어요. 이제, 출발! 허들을 건너서 인형을 붙이고 오세요. 누가 먼저 붙
   일까?"

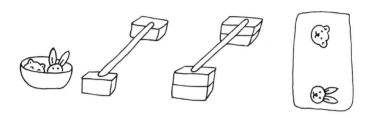

뛰어 보기

놀이 자료
종이 벽돌 블록

놀이 자료의 구성
종이 블록 대신에 사각형의 다른 블록이나 책 등을 사용할 수도 있다.

놀이 방법
① 먼저 엄마나 교사가 종이 벽돌을 하나 놓고 두 발을 모아 뛰어 건너는
   모습을 보여 준다.
   "선생님이 하는 것을 보세요. 두 발을 모으고 블록 반대쪽으로 폴짝!"
② 엄마를 따라 아이가 종이 벽돌을 뛰어넘어 보도록 한다.

"우리 ○○이도 엄마처럼 폴짝 뛰어 보세요."

③ 종이 벽돌 블록을 일정 간격으로 배치하고 연속하여 뛰어넘는다.

"이번에는 폴짝폴짝 개구리가 되어 블록들을 뛰어넘어 보자."

"하나 건너고, 또 하나를 건넜어요. 다음번 블록도 폴짝!"

④ 활동에 익숙해지면 종이 벽돌을 두 개 연속하여 붙이고 뛰어넘어 보도록 한다.

"종이 벽돌 두 개도 뛰어넘을 수 있을까?"

⑤ 아이의 활동을 격려하고, 아이가 원한다면 다른 블록들을 이용하여 뛰어넘기를 해 본다.

볼풀 속으로 점프

놀이 자료

볼 풀장, 그물, 삼각대, 그물, 링, 줄

놀이 자료의 구성

① 볼 풀장 옆으로 삼각대를 배치한다.

② 볼 풀장 위쪽에 설치되어 있는 바에 그물을 연결하여 높은 삼각대 위로

늘어뜨린다.

③ 줄을 이용하여 그물에 링을 달아둔다.

놀이 방법

① 아이가 그물이나 링을 잡고 삼각대를 오르도록 돕는다.

"그물 위로 올라가 보세요. 이곳의 링을 손으로 잡고 오르도록 하자."

② 그물 위를 지나 볼 풀장 위에 도착하면 볼 풀장 안으로 뛰어내린다. 아이가 어려워하거나 두려워하면 엄마나 교사가 옆에서 해 볼 수 있도록 격려를 하거나 몸을 살짝 잡아 주는 등으로 도움을 준다.

"○○이가 열심히 잘 올라왔어요. 공들이 많이 들어 있는 풀장으로 점프해서 뛰어내려 보자. 엄마가 도와줄게."

③ 아이의 활동을 격려한다. 볼 풀장으로 뛰어내린 후에는 볼 풀장의 공을 흩뿌리며 놀이한다.

"잘 뛰어내린 ○○이에게 파란 공이 놀러왔어요."

"신나게 공을 흩뿌려 보자."

5) 집단놀이시간 「다 함께 모여요」

과자 따기

놀이 자료

과자 후프, 실, 빨래집게, 과자, 종이테이프

놀이 자료의 구성

① 다음을 참고하여 과자 후프를 만든다.

-후프에 실을 달고 그 끝에 빨래집게를 매단다.

-과자를 빨래집게의 끝에 매달아 과자 후프를 완성한다.

② 과자 후프를 천장에 매단다. 이때, 후프에 달린 과자의 높이가 아이가
   살짝 뛰어 과자를 딸 수 있는 정도로 배치한다.

③ 종이테이프로 출발선을 표시한다.

놀이 방법

① 엄마와 아이가 함께 짝을 지어 양편으로 앉는다.

② 게임 방법을 알려 준다. 게임 방법은 다음을 참고한다.

– 아이와 엄마가 출발선에 선다.

– 신호에 따라 아이와 엄마가
   손잡고 과자 있는 곳까지 뛰어간다.

– 과자 후프까지 도착하면 아이가
   점프를 하여 과자를 딴다.

– 과자를 딴 후 출발선으로 되돌아온다.

③ 아이의 활동을 격려한다. 아이가 게임을
   통해 얻은 과자를 엄마와 함께 먹는다.

6) 부모교육시간 「도란도란」

① 노래를 부르며 부모교육 자료를 엄마에게 전달한다.

> ♪ 편지 왔어요.
> 편지 왔어요. 편지 왔어요.
> ○○○, 편지 왔어요.

② 놀이에 참여한 경험에 대한 느낌과 부모교육 자료의 내용에 대해 이야기

나눈다.

"오늘은 아이의 근력을 키우고 성취감을 느껴 보도록 하기 위해 여러 가지 점프 놀이를 하였습니다. 아이들과 함께 놀이해 본 느낌이 어떠십니까? 쿠션이나 배게 등을 이용해서 가정에서도 여러 가지 점프 놀이를 즐겨 보십시오."

③ 부모교육 자료는 뒤 장에 제시된 놀이 활동과 부모교육 자료를 활용한다.

▶ 놀이활동 자료: 옆으로 옆으로. 색깔 판 위로 점프! 점프!

▶ 부모교육 자료: 우리 아이에겐 어떤 놀이가 좋을까?

7) 헤어짐의 인사시간 「안녕! 또 만나요」

① 노래를 부르며 헤어질 시간임을 알린다.

> ♪ 안녕
> 안녕 안녕, 선생님. 안녕 안녕, 친구들.
> 다음 주에 만나 재밌게 놀자. 안녕 안녕 안녕.

② 아동들 각각과 인사한다.

"오늘도 잘 놀았어요."

"오늘은 선생님과 악수하고 돌아가자."

"다음 주에도 건강한 모습으로 만나자."

3주 집단발달놀이 프로그램

놀이 유형: 창작인지놀이

놀이 주제: 찍어서 꾸미기

놀이 목표: 다양한 자료를 활용한 창작활동을 통해 창의성을 기른다.
찍어서 구성해 보는 경험을 통해 심미감을 기른다.

1) 만남의 인사시간 「하하 안녕」

(1) 전체 인사

① 교사와 아동, 엄마가 함께 모여 노래에 따라 인사를 한다.

② 노래를 모두 함께 부르며 만남의 즐거움을 표현한다.

　　♪ 전체 인사 노래
　　안녕하세요, 선생님. 안녕 안녕, 친구들.
　　재미있게 놀아요. 함께 놀아요. ○○○에서.

(2) 개별 인사

① 노래에 따라 아동 한 명씩 이름을 넣어 인사한다.

② 아동의 이름을 부를 때마다 아동을 가리킨다.

③ 아동이 엄마의 도움을 받아 다른 사람들에게 인사하도록 돕는다.

　　♪ 개별 인사 노래
　　○○○, ○○○ 어디 있나요?
　　여기 여기 안녕하세요.

2) 놀이주제 소개시간 「집단발달놀이 소개」

① 오늘의 집단발달놀이 주제에 대해 소개한다.
② 주제에 따른 놀이의 의의 및 효과에 대해 함께 소개한다.

"오늘은 아이들과 함께 창작놀이를 하겠습니다. 오늘 준비된 창작놀이는 다양한 자료를 다루어 보고 그 재료를 이용하여 찍어서 구성하는 놀이입니다. 아이들이 실생활에서 많이 접해 본 자료를 이용하여 놀이하는 것은 그 자체로도 아이에게 즐거운 경험이 됩니다. 그래서 오늘은 종이, 비누와 같은 자료들을 물들이고, 찍어 보고, 마음껏 구성해 볼 수 있는 놀이를 준비했습니다. 아이들의 창작활동이 단순히 물감이나 크레파스로 그리는 것에만 국한되지 않는다는 것을 어머님들도 이미 잘 알고 계시리라 생각됩니다만, 실제 아이들과 함께 놀이할 때 다양한 자료를 활용하여 창작놀이를 하기 어렵다고 느끼는 분들이 많습니다. 어떤 분들은 성장하면서 다양한 창작활동을 경험할 기회가 많지 않았기 때문일 수도 있고, 또 어떤 분들은 창작이라고 하면 시중에서 파는 재료로 작품을 만들어야 한다고 생각하기 때문일 것입니다. 그러나 실생활에서 사용하는 것과 이미 쓰고 남은 것 등이 좋은 창작놀이의 자료가 될 수도 있고, 이런 것들이 상품화된 것보다 아이들의 즐거움과 호기심을 배가시킬 수 있으며, 창의력 발달에 더 도움이 됩니다. 아이와 함께 하는 오늘의 놀이 활동을 통하여 가정에서도 손쉽게 접근할 수 있는 창작활동을 고안하고, 창작놀이를 할 때 아이와 어떻게 상호 작용하는가를 생각하며 놀이를 한다면 더욱 유익한 놀이 시간이 될 것입니다."

3) 노래 및 율동시간 「우리 모두 즐겁게」

♪ 손을 씻어요

① 아동들과 함께 본격적인 놀이 활동 전에 긴장을 해소하기 위하여 노래를
  부른다.
② 교사가 어떤 노래인지 소개하고 1회 정도 먼저 불러 본다.
③ 분위기에 따라 2, 3회 반복하여 불러 본다.
④ 여러 가지 동작을 만들어 노래하고 율동할 수 있다.
⑤ 아동들의 노래 및 율동을 격려한다.

> 손을 씻어요
> 우리는 손을 씻어요
> 비누로 손을 씻어요
> 우리는 매일 깨끗이
> 두 손을 깨끗이 씻어요

4) 개별놀이시간 「발달놀이 해요」

종이 찍기

놀이 자료
물감, 접시, 신문지, 헌 스타킹, 도화지

놀이 자료의 구성
접시에 물감을 진하게 타서 준비한다.

놀이 방법

① 준비된 신문지를 아이와 함께 탐색한다.

"이것은 무엇일까?"

"신문지를 한 장씩 나누어 가지세요."

"신문지를 흔들어 보세요. 어떤 소리가 나니?"

"신문지를 구겨 보자. 어떤 모양이 되었나요?"

② 신문지를 여러 가지 모양으로 접거나 구긴 후 물감을 묻혀 도화지에 찍어 본다.

"엄마와 함께 신문지를 접어 보자. 네모 모양이던 신문지가 세모 모양이 되었구나."

"신문지를 구겨서 동그랗게 만들었구나."

"여러 가지 모양으로 만든 신문지에 물감을 묻혀 찍어 보자. 어떤 모양이 나타날까?"

③ 도화지에 찍힌 모양을 관찰하도록 돕는다.

"와! 여러 가지 모양이 도화지에 찍혔구나. 어떤 모양처럼 보이니?"

④ 헌 스타킹에 신문지를 구겨 넣어서 찍어 볼 수 있다. 신문지에 물감을 묻혀 그냥 찍었을 때와 헌 스타킹에 넣어 찍었을 때 모양이 어떻게 나왔는지 이야기 나누어 본다.

⑤ 아이가 원하는 방법에 따라 자유롭게 찍어 보기를 계속하도록 돕는다.

모루 찍기

놀이 자료

모루, 요구르트 병, 본드, 물감, 접시, 탈지면, 도화지, 종이 가방, 셀로판테이프, 리본테이프

놀이 자료의 구성

① 요구르트 병 밑면에 부착할 수 있는 정도의 크기로 모루를 세모, 동그라미, 꽃 모양 등 여러 가지 모양으로 만든다. 여러 가지 모양의 모루를 본드를 이용하여 요구르트 병 밑면에 붙인다.

② 아이들이 찍기 활동을 할 때 물감이 튀지 않도록 접시 위에 얇게 탈지면을 깐 후 진하게 탄 물감을 자작하게 부어 놓는다.

③ 도화지를 반으로 접은 후 셀로판테이프를 이용하여 양옆 부분을 붙여서 종이 가방을 만든다. 그런 다음 리본테이프를 연결하여 가방의 손잡이를 만든다.

놀이 방법

① 아이와 함께 준비된 모루를 탐색한다.

"손으로 이렇게 쉽게 구부릴 수 있는 이것은 무엇일까?"

"이 모루를 이용해서 여러 가지 모양을 만들어 볼까?"

"선생님은 날씬한 사람을 만들었어요. 이 모루 사람은 마음대로 몸을 움직일 수도 있어요. 손을 들어 볼까? 어! ○○이에게 모루 사람이 인사를 해요."

② 모루로 여러 가지 모양을 만들어 본다.

"동그란 모양, 세모 모양, 구불구불한 뱀. 여러 가지 모양을 만들어보자."

③ 아이들이 만든 모루를 물감에 적셔 종이에 찍어 본다. 여러 가지 모양이 나온 것을 관찰한다.

④ 아이들에게 모루를 붙인 요구르트 병과 미리 준비한 종이 가방을 나누어
　 준다. 요구르트 병 모루로 종이 가방에 찍기를 해 본다.
　 "이 요구르트 아랫면에는 여러 가지 모양이 있네. 어떤 모양들이 있을까?"
　 "이것으로 찍기놀이를 할 수 있을까?"
⑤ 아이들이 만든 종이 가방에 이름을 써 준다. 아이들의 활동을 격려한다.
　 "○○이가 만든 가방에 이름을 써 줄게요. ○○이가 찍기를 하여 멋진 가
　 방을 만들었구나."

염색그림

놀이 자료
흰 손수건, 염색물감, 종이접시, 채소

놀이 자료의 구성
① 감자, 당근 등의 채소를 이용하여 찍기 도구를 만든다. 채소의 속을 파
　 내서 모양을 만들거나 원하는 모양을 볼록하게 튀어나오도록 주변을 파

내어 찍기 도구를 만든다.

② 염색물감을 종이접시 위에 짜서 사용하는데, 아이의 활동 전개에 따라 조금씩 짜서 사용한다. 미리 짜 놓으면 염색물감이 굳을 수 있기 때문이다.

③ 흰 손수건 대신에 티셔츠나 양말을 준비하여 염색을 해 볼 수도 있다.

놀이 방법

① 아이와 함께 준비된 채소 찍기 도구를 탐색한다.

"나는 동글동글하면서도 울퉁불퉁한 감자예요. 그런데 내 몸에 어떤 무늬가 있군요. 어떤 무늬가 있는지 살펴볼까요?"

"동그란 모양, 네모난 모양, 별 모양이 있네."

"이것에 물감을 묻혀 찍으면 어떻게 될까?"

② 채소 찍기 도구에 염색물감을 묻혀 준비한 손수건에 찍어 본다.

"채소에 물감을 묻혀서 이렇게 꾹 눌러 찍어 보자. 어떤 모양이 나왔을까?"

"이번에는 당근으로 찍어 볼까?"

③ 아이가 원하는 대로 여러 가지 모양을 구성하며 찍기를 해 본다.

④ 찍어서 무늬를 구성한 손수건을 적당히 말려 집으로 가져간다. 한 번 빨아서 말리면 멋진 무늬가 있는 손수건이 된다.

거품 찍기

놀이 자료

비눗물, 물감, 굵은 빨대, 그릇, 도화지

놀이 자료의 구성

① 비눗물에 물감을 타서 여러 가지 색의 색 비눗물을 만든다.

② 아이가 비눗물을 볼 수 있도록 굵은 빨대를 적당한 길이로 잘라 준비한다.

③ 아이가 빨대에 입을 대고 숨을 들이쉬면 비눗물을 먹을 수도 있으므로
   주의가 필요하다. 가능하면 30개월 이상의 아이들에게 놀이를 제공한다.

놀이 방법

① 준비한 빨대로 불기 연습을 한다.

   "후후, 빨대를 입에 대고 불어 보자."

   "어! ○○이가 분 빨대 밖으로 바람이 나오네."

② 충분히 연습을 한 후에 비눗물이 담긴 그릇에 빨대를 대고 불어 본다.
   비눗물이 거품이 되어 올라오는 것을 관찰하도록 돕는다.

   "보글보글, 부글부글. ○○이가 빨대로 비눗물을 부니 비눗물이 거품이
   되어 올라오는구나."

③ 거품 위에 종이를 대어 찍어 낸다.

   "이 거품 위에 종이를 대어 보자. 종이를
   보니 멋진 무늬가 찍혔네."

   "다른 색의 거품도 찍어 볼까?"

④ 아이의 활동을 격려하고 바닥에 흘러내린
   거품을 닦아 낸다.

   "여러 가지 크기의 동그라미들이 있는
   멋진 작품이 되었어요."

5) 집단놀이시간 「다 함께 모여요」

비누거품 그림

놀이 자료
물비누, 녹말가루, 거품기, 큰 그릇, 숟가락, 비닐, 도화지

놀이 자료의 구성
비닐(아세테이트지)은 전지 크기로 준비하여 아이들이 빙 둘러 활동할 수 있도록 한다.

놀이 방법
① 준비된 자료를 이용하여 걸쭉한 비누거품을 만든다.
　"여기 선생님이 거품기를 준비했어. 거품기를 본 적이 있니?"
　"이 큰 그릇에 비눗물을 담고 녹말가루를 담아 볼 거야. 누가 담아 볼까? 그래, 차례차례 한 명씩 모두 담아 보는 것도 좋겠구나."
　"이번에는 거품기로 비눗물과 녹말가루를 섞어 보자."
　"물비누가 녹말가루와 섞여 걸쭉하게 되었네."
② 아이들이 함께 만든 비누거품 재료에 물감을 조금 섞어 넣는다.
③ 색 비누거품 재료를 숟가락으로 떠서 비닐 위에 놓는다.
④ 아이들이 손으로 자유롭게 비닐 위의 비누거품 재료를 문질러 보도록 돕는다. 아이들이 아는 노래를 부르며 신나게 비누거품을 만들어 보도록 한다.
　"손바닥으로 여러 가지 모양을 만들어 보자."
　"손가락으로 그려 보세요."
　"올라간 머리, 내려온 머리. 뱅글뱅글 돌려서 도깨비 뿔!"
⑤ 아이들이 만든 비누거품 그림 위에 도화지를 대어 찍어 본다. 물수건으

로 아이들의 손을 닦아준다.

⑥ 비누거품 그림이 마르면서 작은 기포가 생긴다. 만든 그림을 감상한다.

　"오늘 만든 그림에는 작은 구멍들이 있구나. 물감으로 그렸을 때와는 또 다른 모습이구나."

　"○○이가 완성한 작품은 어떤 모양 같니?"

　"우리 친구들이 놀이를 아주 열심히 하는구나."

6) 부모교육시간 「도란도란」

① 노래를 부르며 부모교육 자료를 엄마에게 전달한다.

　　♪ 편지 왔어요.
　편지 왔어요. 편지 왔어요.
　○○○, 편지 왔어요.

② 놀이에 참여한 경험에 대한 느낌과 부모교육 자료의 내용에 대해 이야기 나눈다.

"오늘은 아이들과 함께 다양한 자료를 찍어서 구성하는 창작놀이를 해 보았습니다. 아이들과 함께 놀이해 본 느낌이 어떠십니까? 가정에서는 어떤 자료들을 이용해서 찍기놀이를 해 볼 수 있을까요?"

③ 부모교육 자료는 뒤 장에 제시된 놀이 활동과 부모교육 자료를 활용한다.

▶ 놀이활동 자료: 자연물 찍기. 구겨서 찍기
▶ 부모교육 자료: 잠들기 전에 엄마의 애정을 확인시켜 주세요.

7) 헤어짐의 인사시간 「안녕! 또 만나요」

① 노래를 부르며 헤어질 시간임을 알린다.

> ♪ 안녕
> 안녕 안녕, 선생님. 안녕 안녕, 친구들.
> 다음 주에 만나 재밌게 놀자. 안녕 안녕 안녕.

② 아이들 각각과 인사한다.
"오늘도 잘 놀았어요."
"선생님과 인사하고 돌아가자."
"다음 주에도 건강한 모습으로 만나자."

4주 발달놀이 프로그램

놀이 유형: 사회성 운동놀이

놀이 주제: 친구와 함께

놀이 목표: 또래와 함께할 수 있도록 고안된 다양한 운동놀이 세
팅에서 놀이하는 경험을 통해 사회성을 기른다.
높은 곳을 건너 지나는 활동을 통하여 균형 감각을 기른다.
목표물에 공을 던지는 활동을 통하여 신체의 협응 능
력과 조정력을 기른다.

---

1) 만남의 인사시간 「하하 안녕」

(1) 전체 인사

① 교사와 아동, 엄마가 함께 모여 노래에 따라 인사를 한다.

② 노래를 모두 함께 부르며 만남의 즐거움을 표현한다.

♪ 전체 인사 노래

안녕하세요, 선생님. 안녕 안녕, 친구들.

재미있게 놀아요. 함께 놀아요. ○○○에서.

(2) 개별 인사

① 노래에 따라 아동 한 명씩 이름을 넣어 인사한다.

② 아동의 이름을 부를 때마다 아동을 가리킨다.

③ 아동이 엄마의 도움을 받아 다른 사람들에게 인사하도록 돕는다.

♪ 개별 인사 노래

○○○, ○○○ 어디 있나요?

여기 여기 안녕하세요.

2) 놀이주제 소개시간 「집단발달놀이 소개」

① 오늘의 집단발달놀이 주제에 대해 소개한다.
② 주제에 따른 놀이의 의의 및 효과에 대해 함께 소개한다.

"오늘 우리 아이들과 함께할 놀이 주제는 '친구와 함께'입니다. 놀이 주제에서도 알 수 있듯이 오늘의 놀이 활동은 기본적으로 아이의 신체 발달을 유도하는 활동임과 동시에 또래 관계를 증진시키는 사회성을 발달시킬 수 있는 활동입니다. 사회성의 발달은 특히 경험이 중요합니다. 또래와 함께 놀이한 경험, 또래와 갈등 상황을 경험하고 그를 해결해 본 경험, 또래와 서로 도움을 주고받으며 목표물을 획득한 경험 등이 사회성 발달에 영향을 줄 수 있습니다. 25개월에서 36개월의 우리 아이들은 한참 자기주장이 강한 때이기도 하고 다른 사람의 욕구를 잘 이해하지 못하기 때문에 놀잇감을 갖고 놀거나, 어떤 공간에서 함께 놀이를 할 때에도 다툼이 종종 일어납니다. 그때마다 야단을 치고 중재하는 것으로는 부족합니다. 미리 여러 가지 사회적인 경험을 할 수 있도록 상황을 조성해 주는 것이 필요합니다. 한편으로 사회성은 모방에 의해 잘 형성된다고 합니다. 즉, 엄마가 다른 사람들과 친밀하게 지내거나 주고받는 등의 사회적인 행위를 보이면 아이도 따라 한다는 것이지요. 오늘 놀이를 할 때에는 어머님께서 먼저 활동하는 모습을 아이에게 보여 주세요. 아이가 가족과의 관계 외에 다양한 관계를 경험하고 그 관계 안에서 바람직한 방법으로 상호 작용하는 방법을 학습할 기회를 주십시오."

3) 노래 및 율동시간 「우리 모두 즐겁게」

♪ 유아체조

① 아동들과 함께 본격적인 놀이 활동 전에 유아체조를 활용하여 율동을 한다.

② 아이들이 따라 할 수 있도록 교사가 동작을 크게 하여 율동을 한다.

③ 처음에는 교사의 음성에 따라 노래와 율동을 천천히 진행한다.

④ 음악 테이프를 틀어 놓고 율동을 한다.

⑤ 아동들의 노래 및 율동을 격려한다.

유아체조

짤랑짤랑짤랑짤랑 으쓱으쓱 짤랑짤랑짤랑짤랑 으쓱으쓱: 손을 털고 어깨를 으쓱거린다.

주욱주욱 으쓱으쓱으쓱 주욱주욱 으쓱으쓱으쓱: 양손을 위로 치켜 뻗은 후 어깨를 으쓱거린다.

데구르르 구르고 데구르르 구르고 벌떡 일어나: 바닥에서 한 번 구른 후 일어선다.

데구르르 구르고 데구르르 구르고 벌떡 일어나: 바닥에서 한 번 구른 후 일어선다.

훨훨 내리고 훨훨 내리고 훨훨 내리고 훠~훨: 양팔을 나비처럼 훨훨거리 며 움직인다.

4) 개별놀이시간 「발달놀이 해요」

손잡고 건너기

놀이 자료

반 도넛 2개, 낮은 삼각대, 높은 삼각대

놀이 자료의 구성

① 반 도넛 2개를 눕힌 후 연결하여 S 자 모양을 만든다.

② 반 도넛의 양편에 각각 높은 삼각대와 낮은 삼각대를 붙인다.

놀이 방법
① 아이들 두 명이 짝이 되도록 한다.
  "○○이와 △△이가 짝이 되어 보자."
  "짝이 된 친구들은 두 손을 잡아 보세요."
② 한 명의 아이가 높은 삼각대를 올라 반 도넛 위에 선다.
  "○○이는 반 도넛 위로 올라가 보세요."
  "올라가는 것을 도와줄게."
③ 반 도넛 아래에 있는 아이의 도움을 받아 반 도넛 위를 지나도록 돕는다.
  "△△아. ○○이가 이 위를 잘 지나갈 수 있도록 손을 잡아 줄까?"
④ 반 도넛을 지나 낮은 삼각대로 이동한 후 내려온다.
⑤ 아이의 활동을 격려한다. 아이의 역할을 바꾸어 움직여 볼 수 있다.
  "우리 친구들이 어려운 곳도 잘 지나갈 수 있도록 서로 도움을 주었어요."
  "이번에는 △△이가 반 도넛 위를 잘 걸어갈 수 있도록 ○○이가 도움을 줄까?"

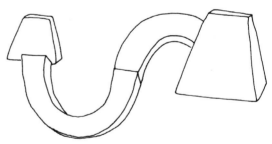

친구야 께꾸

놀이 자료
삼각사다리, 터널, 계단, 후프, 줄, 종이테이프

놀이 자료의 구성

① 삼각사다리 사이에 터널을 끼워 넣는다.

② 삼각사다리 양편으로 계단을 배치한다.

③ 천장에서 줄을 이용하여 후프를 늘어뜨린다.

④ 천장에서 늘어뜨린 후프와 삼각사다리의 위편을 종이테이프로 연결한다.

놀이 방법

① 아이 두 명이 짝을 지어 차례로 터널을 지난다.

"△△이 뒤에 ○○이. 칙칙폭폭 두 친구의 기차가 터널 안으로 지나갑니다."

② 터널을 지나 각각 삼각 사다리 양편의 계단을 오른다.

"△△이는 오른쪽으로 계단을 오르고, ○○이는 왼편으로 계단을 오르세요."

③ 삼각사다리의 위쪽으로 오르도록 돕는다.

"삼각사다리의 저 꼭대기까지 올라가 보세요."

"삼각사다리 사이로 함께 올라가는 친구의 얼굴이 보여요."

④ 후프가 달린 곳까지 삼각사다리를 오르면, 후프를 사이에 두고 친구끼리 악수를 하거나 인사를 나누도록 한다.

"여기까지 올라오니 둥근 후프가 있어요. 후프 건너편으로 △△이도 왔어요."

"△△아, 안녕! 너도 여기까지 올라왔구나. 열심히 잘 올라온 기념으로 서로 악수를 나누어 보자."

⑤ 아이의 활동을 격려한다. 삼각사다리와 계단을 차례로 내려오도록 돕는다.

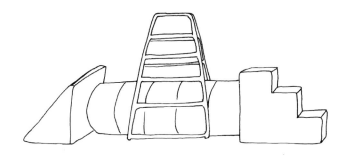

공 던져 넣기

놀이 자료

트램블린, 작은 낙하산, 삼각사다리, 아크릴판, 볼풀공, 바구니

놀이 자료의 구성

① 트램블린 위에 볼풀공을 놓아둔다.

② 삼각사다리에 아크릴판을 세로로 연결하여 경사면을 만든다.

③ 아크릴판을 붙인 삼각사다리와 트램블린을 일정 정도 간격을 떼어 배치하고 그 사이를 작은 낙하산으로 연결한다.

놀이 방법

① 트램블린 위에 올라 통통 뛴다.

② 볼풀공을 삼각사다리가 있는 쪽으로 던져서 공이 사다리에서 부딪혀 작은 낙하산 안으로 들어가도록 한다.

"공을 사다리가 있는 곳으로 던져 보자."

"공이 떨어져서 낙하산 위로 가네."

③ 아이들과 함께 낙하산을 펄럭여서 볼풀공을 낙하산 밖으로 튕겨 보낸다.

"낙하산 위에 있는 공들을 밖으로 보내 보자."

"△△이와 ○○이가 함께 낙하산을 잡고 펄럭여 보자."

④ 튕겨 나간 공을 아이들과 함께 바구니에 담아 정리한다.

"공이 낙하산 밖으로 모두 나갔네. 낙하산 밖으로 나간 공들을 이 바구니에 함께 담아 보자."

⑤ 아이들의 활동을 격려한다.

"우리 친구들이 함께 정리도 잘하는구나."

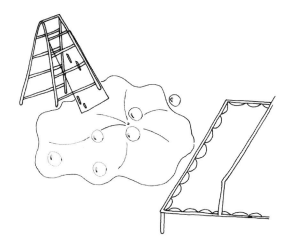

둘이서 함께

놀이 자료

종이접시, 볼풀공, 바구니, 종이테이프, 스티커

놀이 자료의 구성

① 종이테이프로 출발선을 표시한다.

② 출발선에서 5m 정도 떨어진 곳에 바구니를 놓아둔다.

놀이 방법

① 짝이 된 아이 둘이서 종이접시의 양쪽을 잡고 출발선에 선다.

"여기에 종이접시가 있어요. ○○이와 △△이가 함께 종이접시를 잡으세요."

② 종이접시 위에 볼풀공을 한 개 올려 준다.

"종이접시 위에 공을 한 개 올려 줄게요. 어떤 색 공을 올려 줄까?"

③ 볼풀공이 떨어지지 않도록 접시를 서로 잡고 바구니가 있는 곳까지 간다.

"종이접시 위에 있는 공이 흔들흔들. 우리 친구들이 잡고 있는 종이접시 위에서 볼풀공이 흔들거리네. 서로 잘 잡지 않으면 공이 바닥으로 떨어질 수도 있어요. 떨어지지 않도록 조심조심!"

④ 바구니에 다다르면 볼풀공을 바구니에 담고, 아이들 서로 손을 잡고 뛰어 돌아온다.

⑤ 격려의 표시로 스티커를 아이들의 손등이나 옷에 붙여준다.

스쿠터 타기

놀이 자료
스쿠터, 평균대, 볼링 핀, 종이테이프

놀이 자료의 구성
① 종이테이프로 출발선을 표시한다.
② 출발선에서 7m 정도 떨어진 거리에 평균대를 가로로 배치한다.
③ 평균대 위에 볼링 핀을 세워 놓는다.

놀이 방법
① 아이가 자유롭게 스쿠터를 타 보도록 돕는다.
   "이게 무엇일까? 이것은 스쿠터라고 한단다. 이렇게 움직이면 스쿠터가 굴러가요."
   "스쿠터를 타고 움직여 보자. 스쿠터 위에 앉으세요."
② 스쿠터를 타고 엄마의 도움을 받아 출발선에서 평균대가 있는 곳까지 이동한다.
   "자, 이제 엄마가 밀어 줄게. 스쿠터를 타고 평균대까지 가 보자."
③ 평균대에 도착하면 손으로 볼링 핀을 쳐서 떨어뜨린다.
   "평균대까지 다 왔어요. 볼링 핀을 한 개 떨어뜨리세요."

④ 다시 스쿠터를 타고 출발선이 있는 곳까지 돌아온다.

⑤ 아이 두 명씩 짝을 지어 서로 도움을 주어 스쿠터를 타 보도록 한다.

"이번에는 다른 친구들과 함께 스쿠터를 타고 가서 볼링 핀을 쓰러뜨려 보자."

"선생님의 신호에 맞추어 출발하도록 하자. 준비, 출발!"

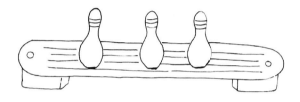

5) 집단놀이시간 「다 함께 모여요」

함께 쌓기

놀이 자료

낙하산, 우레탄 블록, 바구니

놀이 자료의 구성

① 낙하산을 바닥에 넓게 펼쳐 놓는다.

② 블록을 바구니에 담아 놓는다.

③ 블록을 담은 바구니를 낙하산으로부터 일정 정도 떨어진 지점에 놓아둔다.

놀이 방법

① 아이, 엄마, 교사가 원을 만들어 둘러앉는다. 「우리 모두 즐겁게」 시간에 부른 노래 및 체조를 한다.

② 신호에 따라 아이들이 바구니로 가서 블록을 하나씩 가져와서 엄마에게 준다.

③ 2-3회 같은 방법으로 바구니에서 블록을 가져온다.

④ 모아 둔 블록을 이용하여 낙하산 중앙에서 아이들이 함께 블록을 쌓는다.

⑤ 아이의 활동을 격려한다. 쌓은 모양을 감상하고 블록을 바구니에 다시 정돈한다.

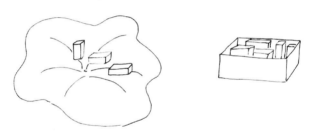

6) 부모교육시간 「도란도란」

① 노래를 부르며 부모교육 자료를 엄마에게 전달한다.

　　♪ 편지 왔어요.
　　편지 왔어요. 편지 왔어요.
　　○○○, 편지 왔어요.

② 놀이에 참여한 경험에 대한 느낌과 부모교육 자료의 내용에 대해 이야기 나눈다.

"오늘은 우리 아이들이 다른 친구들과 여러 가지 놀이들을 함께 했습니다. 차례로 움직이고 서로 도움을 주며 놀이하는 모습이 보기 좋았습니다. 어머님들은 어떠셨는지요? 오늘의 놀이를 확장하여 가정에서도 할 수 있는 놀이 활동들을 준비했습니다. 같이 읽어 보고 가정에 돌아가셔서도 꼭 해 보시기를 바랍니다."

③ 부모교육 자료는 뒤 장에 제시된 놀이 활동과 부모교육 자료를 활용한다.

▶ 놀이활동 자료: 인형 옮기기
▶ 부모교육 자료: 말썽은 관심을 받고 싶다는 또 다른 표시입니다.

7) 헤어짐의 인사시간 「안녕! 또 만나요」

① 노래를 부르며 헤어질 시간임을 알린다.

> ♪ 안녕
> 안녕 안녕, 선생님. 안녕 안녕, 친구들.
> 다음 주에 만나 재밌게 놀자. 안녕 안녕 안녕.

② 아이들 각각과 인사한다.
"오늘도 잘 놀았어요."
"선생님과 인사하고 돌아가자."
"다음 주에도 건강한 모습으로 만나자."

5주 집단발달놀이 프로그램

놀이 유형: 탐구인지놀이

놀이 주제: 짝짓기

놀이 목표: 물건의 속성을 탐색한다.

물건의 속성에 따라 관련 있는 것끼리 짝을 짓거나 모아 본다.

1:1 대응을 한다.

분류개념의 기초를 형성한다.

1) 만남의 인사시간 「하하 안녕」

(1) 전체 인사

① 교사와 아동, 엄마가 함께 모여 노래에 따라 인사를 한다.

② 노래를 모두 함께 부르며 만남의 즐거움을 표현한다.

♪ 전체 인사 노래

안녕하세요, 선생님. 안녕 안녕, 친구들.

재미있게 놀아요. 함께 놀아요. ○○○에서.

(2) 개별 인사

① 노래에 따라 아동 한 명씩 이름을 넣어 인사한다.

② 아동의 이름을 부를 때마다 아동을 가리킨다.

③ 아동이 엄마의 도움을 받아 다른 사람들에게 인사하도록 돕는다.

♪ 개별 인사 노래

○○○, ○○○ 어디 있나요?

여기 여기 안녕하세요.

2) 놀이주제 소개시간「집단발달놀이 소개」

① 오늘의 집단발달놀이 주제에 대해 소개한다.
② 주제에 따른 놀이의 의의 및 효과에 대해 함께 소개한다.

"오늘은 아이들과 함께 탐구놀이를 하겠습니다. 탐구놀이는 물체의 모양, 색, 재질 등과 같은 물체의 기본적인 속성을 알고 더 심화하여 학습할 수 있도록 돕는 놀이 활동입니다. 오늘은 여러 가지 탐구놀이 중에서도 아이들의 수 개념 발달을 돕는 놀이를 하려고 합니다. 수와 관련한 활동에는 여러 가지가 있습니다. 그중 관련 있는 속성들을 찾아 짝을 짓거나, 기준이 되는 속성에 따라 물체를 분류해 보는 놀이는 아이들의 분류개념 형성을 돕는 활동입니다. 이런 놀이 활동들을 통하여 아이들이 수 활동을 즐겁게 경험하게 되면, 아이들의 이후 수학 학습 능력도 신장시킬 수 있습니다. 오늘의 놀이는 물건의 속성을 탐색해 보는 것에서 시작해서 탐색한 물건의 속성을 파악한 후 한 가지씩 짝을 지어 보는 놀이, 그리고 모양이나 색과 같이 주어진 준거에 따라 물건을 분류해 보는 놀이까지 놀이의 난이도를 달리하여 경험할 수 있게 구성되어 있습니다. 아이가 물체의 속성을 잘 관찰하고 서로 같은지 다른지 비교해 보며, 또 비슷한 것끼리 모아 볼 수 있도록 격려해 주세요. 어떤 놀이가 분류개념 형성에 도움이 되는지, 그리고 가정에서는 어떻게 바꾸어 놀이할 수 있을지 생각해 보면서 놀이해 보세요. 오늘도 우리 아이들의 성장에 유익한 놀이 시간이 되기를 기대해 봅니다."

3) 노래 및 율동시간「우리 모두 즐겁게」

♪ 똑같아요

① 아이들과 함께 발달놀이 활동 전에 놀이 주제와 관련된 노래를 부른다.
② 교사가 노래를 1회 정도 불러준다.

③ 아이들과 함께 불러 본다.

④ 가사를 바꾸어 불러 본다. 예를 들어, '안경알 두 알이 똑같아요.' 등으로
바꾸어 불러 본다.

♪ 똑같아요

무엇이 무엇이 똑같을까

젓가락 두 짝이 똑같아요.

4) 개별놀이시간 「발달놀이 해요」

사진 보고 물건 찾기

놀이 자료

놀잇감, 놀잇감을 찍은 사진, 큰 바구니

놀이 자료의 구성

① 공, 곰 인형, 그림책, 소꿉놀이 도구와 같이 아이들에게 친숙한 놀잇감을
   준비하고, 각 놀잇감의 사진을 찍어 사진도 함께 준비한다.

② 놀잇감은 큰 바구니에 담아 준비한다.

놀이 방법

① 엄마와 아이가 함께 사진을 하나씩 보며 어떤 물건을 찍은 사진인지 이
   야기 나눈다.

   "짠! 이걸 보세요. 엄마가 사진을 한 장 준비했어요."

   "그래, ○○이가 갖고 놀이한 적이 있는 공이로구나. 파란색 공이예요."

② 사진의 물건을 바구니에서 찾아보도록 돕는다.

"그런데 사진 속의 파란 공이 이 커다란 바구니 안에 있대요. 우리 한번 찾아볼까?"

"와! ○○이가 빨리도 찾았네."

③ 준비된 다른 사진 자료를 보며 사진 속의 물건을 찾아본다.

④ 아이가 물건을 다 찾으면 사진과 물건을 하나씩 짝을 지어 본다.

"공과 이 사진 속의 공은 똑같네. 짝이 되세요."

"또 이 사진과는 무엇이 짝이 될 수 있을까?"

⑤ 아이의 활동을 격려한다.

식탁 차리기

놀이 자료

식탁받침, 소꿉놀이 도구

놀이 자료의 구성

① 마분지, 아세테이트지, 하드보드지 등을 이용하여 숟가락, 포크, 접시, 컵을 놓는 위치가 표시된 식탁받침을 만들어 준비한다. 다음의 그림을 참고한다.

② 숟가락, 포크, 접시, 컵은 소꿉놀이 도구를 활용한다.

놀이 방법

① 엄마는 아이가 식탁받침 위에 소꿉놀이 도구를 각각의 위치에 맞게 하나
씩 올려놓도록 돕는다.

"여기에는 컵 그림이 있네. 무엇을 올려놓으면 좋을까?"

"○○이가 컵을 이 위에 올려 보자."

"그러면 이번에는 (손가락으로 위치를 지적하며) 여기에 무엇을 올려놓을까?"

② 아이가 익숙해지면 엄마의 지도 없이 혼자서 그림과 사물을 하나씩 대응
하며 올려놓도록 한다.

③ 아이가 차린 식탁에서 재미있는 역할놀이를 한다.

"○○이가 이렇게 상을 차려 주니 더 맛있게 보이는걸!"

"잘 먹겠습니다!"

"국 한 그릇 더 주세요."

곰돌이 빙고

놀이 자료

필름 통, 색종이, 마분지, 마커, 셀로판테이프

놀이 자료의 구성

① 빨강, 파랑, 노랑, 초록의 색종이에 각각 3개씩 곰돌이를 그려 넣어 코
팅한다.

② 코팅된 자료를 필름 통에 붙인다.

③ 16절로 자른 마분지 위에 빨강, 파랑, 노랑, 초록의 작은 원을 각기 3개
씩 붙여 준비한다. 이때 마분지에 붙이는 색종이의 배열을 서로 다르게
하여 3장 정도 준비할 수 있다.

놀이 방법

① 아이에게 1개의 놀이판을 보여 주고 어떤 색깔들이 있는지 손으로 짚어
가며 알아본다.

"빨간색, 노란색, 그리고 여기에는 초록색이 있구나. 그래 파란색도 있어요."

"이번에는 ○○이가 짚어 볼까? 빨간색은 어디 있을까?"

② 준비된 곰돌이를 보여 준다.

"여기에 여러 마리의 곰돌이가 있어요. 그런데 이 곰돌이들도 각자 자기
의 색깔을 갖고 있구나."

"빨간 곰돌이, 노란 곰돌이, 초록 곰돌이, 파란 곰돌이"

③ 곰돌이를 색깔판 위에 놓는다. 이때 아이가 한 곳에 하나의 곰돌이만을
놓도록 한다.

④ 아이가 놀이에 익숙해지면 엄마와 아이가 각기 놀이판을 하나씩 가지고
게임 형식으로 놀이해 볼 수 있다.

"가위바위보를 해서 이긴 사람이 곰돌이를 하나씩 놓는 놀이를 해 보면
어떨까?"

블록 모으기

놀이 자료

4가지 종류의 블록, 큰 바구니 4개

놀이 자료의 구성

① 여러 가지 종류의 블록을 준비한다. 예를 들어, 플라스틱 블록, 나무 블록, 우레탄 블록, 헝겊 블록, 종이 블록 등 어느 것이든 좋다.

② 블록을 정리할 바구니를 4개 준비한다.

놀이 방법

① 준비된 블록으로 아이와 함께 여러 가지 구성물을 만들면서 놀이한다.

② 놀이하면서 블록의 모양과 재질을 탐색하도록 돕는다.

　"이것은 나무로 만든 블록이네."

　"종이 블록은 만져 보니 매끈매끈하구나."

③ 아이가 충분히 놀이한 후에 준비된 바구니 4개를 아이 앞에 놓는다.

④ 아이가 보는 앞에서 각각의 바구니에 각기 다른 블록을 하나씩 넣는다.

　"이제 정리할 시간이에요."

　"같은 블록끼리 정리해 봅시다."

　"이 나무 블록은 어디로 가야 할까?"

⑤ 아이의 활동을 격려한다.

　"우리 ○○이가 나누어서 정
　리를 참 잘하는구나."

피자파티

놀이 자료
피자파티

놀이 자료의 구성
① 피자파티는 놀잇감의 이름으로 시중에서 구입할 수 있다. 그러나 구입이
   여의치 않다면 다음의 제작방법을 참고하여 제작할 수 있다.
② 피자파티 제작방법
- 하드보드지를 30㎝ 지름의 원으로 오려 낸다.
- 이 원을 피자조각처럼 4등분 한다.
- 4개의 피자조각 위에 각각 지름 3㎝의 원 3개를 그려 넣는다.
- 도화지를 지름 3㎝의 원으로 오려 내고 뒷면에 색상지를 붙인다. 이런
   원을 12개 준비한다.
- 원 안에 피자 토핑재료를 그려 넣는다. 버섯 4개, 햄 4개, 피망 4개 등
   으로 그려 넣는다.

놀이 방법
① 엄마와 아이가 각각의 피자 판을 하나씩 나누어 갖는다.
② 어떤 토핑재료가 있는지 알아본다.
   "피자에 들어갈 재료는 어떤 것이 있나?"
   "버섯은 여기에 있고, 피망도 있구나."
③ 토핑재료를 뒤집는다.
④ 어떤 토핑을 모을 것인지 결정한다.
   "엄마는 버섯을 넣은 버섯 피자를 만들고 싶어요."
   "○○이는 어떤 피자를 만들고 싶니?"
⑤ 차례로 토핑재료를 뒤집어서 자기가 원했던 재료가 나오면 자신의 피자

판 위에 올려놓는다.

⑥ 아이의 활동을 격려한다.

5) 집단놀이시간 「다 함께 모여요」

우리 엄마 물건은?

놀이 자료
엄마의 소지품

놀이 자료의 구성
엄마들에게서 얻은 작은 소지품을 미리 바구니에 담아 놓는다.

놀이 방법
① 엄마와 아이들이 놀이실 가운데에 원을 만들어 모여 앉는다.

② 모두 눈을 감게 한 후, 교사는 준비한 엄마의 소지품을 가운데에 놓는다.

③ 아이들에게 엄마의 물건을 찾아 엄마에게 갖다 주도록 한다.

　"우리 엄마 물건은 어디 있을까? 엄마 물건을 찾아 엄마에게 갖다 주세요."

④ 아이들의 활동을 격려한다.

　"○○이가 엄마 물건을 아주 잘 찾아 주었구나."

　"오늘 열심히 놀이한 우리 아이들을 꼭 안아 주세요."

6) **부모교육시간** 「도란도란」

① 노래를 부르며 부모교육 자료를 엄마에게 전달한다.

　　♪ 편지 왔어요.
　　편지 왔어요. 편지 왔어요.
　　○○○, 편지 왔어요.

② 놀이에 참여한 경험에 대한 느낌과 부모교육 자료의 내용에 대해 이야기
　나눈다.

　"오늘은 아이들과 함께 여러 가지 짝짓기 놀이를 해 보았습니다. 아이들
　과 함께 놀이해 본 느낌이 어떠십니까? 집에 있는 자료들을 활용하여 짝

짓기 활용한 놀이를 한다면 어떤 놀이를 할 수 있을까요?"
③ 부모교육 자료는 뒤 장에 제시된 놀이 활동과 부모교육 자료를 활용한다.

▶ 놀이활동 자료: 빨래 널기. 그림자놀이.
▶ 부모교육 자료: 형제 관계 어떻게 해야 할까요-Ⅰ

7) 헤어짐의 인사시간 「안녕! 또 만나요」

① 노래를 부르며 헤어질 시간임을 알린다.

　　　♪ 안녕
　　안녕 안녕, 선생님. 안녕 안녕, 친구들.
　　다음 주에 만나 재밌게 놀자. 안녕 안녕 안녕.

② 아이들 각각과 인사한다.
　"오늘도 잘 놀았어요."
　"선생님과 인사하고 돌아가자."
　"다음 주에도 건강한 모습으로 만나자."

6주 발달놀이 프로그램

놀이 유형: 창조적 운동놀이

놀이 주제: 느껴 보세요

놀이 목표: 여러 가지 촉감을 느낄 수 있도록 고안된 세팅을 활용
한 운동놀이를 통하여 감각발달을 기른다.
오르고 내리는 동작을 통하여 근력을 기른다.
목표물을 맞히는 활동을 통하여 조정력을 기른다.

---

1) 만남의 인사시간 「하하 안녕」

(1) 전체 인사

① 교사와 아동, 엄마가 함께 모여 노래에 따라 인사를 한다.

② 노래를 모두 함께 부르며 만남의 즐거움을 표현한다.

> ♪ 전체 인사 노래
> 안녕하세요, 선생님. 안녕 안녕, 친구들.
> 재미있게 놀아요. 함께 놀아요. ○○○에서.

(2) 개별 인사

① 노래에 따라 아동 한 명씩 이름을 넣어 인사한다.

② 아동의 이름을 부를 때마다 아동을 가리킨다.

③ 아동이 엄마의 도움을 받아 다른 사람들에게 인사하도록 돕는다.

> ♪ 개별 인사 노래
> ○○○, ○○○ 어디 있나요?
> 여기 여기 안녕하세요.

2) 놀이주제 소개시간 「집단발달놀이 소개」

① 오늘의 집단발달놀이 주제에 대해 소개한다.
② 주제에 따른 놀이의 의의 및 효과에 대해 함께 소개한다.

"오늘 할 운동놀이는 창조적 운동놀이로 감각을 민감하게 발달시키는 놀이로 구성되어 있습니다. 특별히 오늘은 여러 감각기관 중에서도 촉각, 청각, 손과 눈의 협응력을 발달시킬 수 있는 놀이를 준비하였습니다. 아이가 주변 환경을 탐색하고 학습해 나갈 때 제일 먼저 사용하는 기관은 감각기관이기 때문에 감각기관이 민감하게 발달하는가 그렇지 않은가는 아이의 운동 능력뿐만 아니라 인지 능력과도 관련이 있습니다. 또한, 25개월에서 36개월의 아이가 감각경험을 할 때, 감각경험과 관련한 느낌을 언어로 표현해 주면 아이의 어휘 능력도 발달하게 되고 감각 경험이 언어의 형태로 장기 기억됩니다. 많이 기억해야 다음에 경험할 때 이전의 경험과 비교, 대조하여 볼 수 있게 되고 이렇게 되어야 경험이 풍부해집니다. 아이가 오늘의 운동 활동을 하면서 다양한 감각적 경험을 할 때, '물렁물렁하다', '차갑다', '거칠다', '댕강댕강 소리가 난다' 등의 풍부한 어휘를 경험할 수 있도록 하면 더욱 유익한 한 시간이 될 것입니다."

3) 노래 및 율동시간 「우리 모두 즐겁게」

♪ 삐뚤빼뚤

① 아동들과 함께 본격적인 놀이 활동 전에 다음의 율동을 참고하여 율동을 한다.
② 아이들이 따라 할 수 있도록 교사가 동작을 크게 하여 율동을 한다.
③ 처음에는 교사의 음성에 따라 노래와 율동을 천천히 진행한다.
④ 음악 테이프를 틀어 놓고 율동을 한다.

⑤ 아동들의 노래 및 율동을 격려한다.

삐뚤빼뚤

삐뚤빼뚤 삐뚤빼뚤 짝짝짝: 어깨를 위로 아래로 엇갈려 움직인 후 박수를 친다.

삐뚤빼뚤 삐뚤빼뚤 짝짝짝: 반복한다.

삐뚤빼뚤 삐뚤빼뚤 주욱주욱: 어깨를 위로 아래로 엇갈려 움직인 후 팔을 위로 죽 뻗는다.

삐뚤빼뚤 삐뚤빼뚤 주욱주욱: 반복한다.

빙글빙글빙글빙글 쿵덕쿵덕쿵덕쿵: 한 바퀴 뛰며 돈 후 두 발 모아 뛰기 한다.

오른발왼발오른발왼발 쿵덕쿵덕쿵덕쿵: 양발을 번갈아 가며 들고 뛴 후 두 발 모아 뛰기 한다.

오른발왼발오른발왼발 쿵덕쿵덕쿵덕쿵: 반복한다.

살짝 엎드려 와_ 와_ 와_ 와_ 와 : 엎드린 후 입가에 양손을 대고 소리를 지른다.

모두 일어나세요: 모두 일어난다.

아래 보고 위를 보고 아래 보고 위를 보고: 팔을 아래로 위로 움직이며 아래와 위를 번갈아 본다.

붕붕붕붕 붕붕붕붕 붕붕붕붕 붕붕붕붕 붕붕붕붕붕 붕붕 하나 둘 셋! 야_: 비행기 흉내를 내며 돌다가 하나, 둘, 셋 소리 내고 위로 팔을 들어 야! 하고 소리친다.

4) 개별놀이시간 「발달놀이 해요」

그물놀이

놀이 자료

삼각사다리 2개, 그물, 뜀틀, 땡이 던지기, 고리, 바구니, 방울

놀이 자료의 구성

① 삼각사다리 2개를 2-3m 간격을 두어 배치한다.

② 삼각사다리 2개를 그물로 연결하며 마치 터널처럼 바닥에 늘어뜨린다.

③ 그물의 곳곳에는 방울을 달아 놓는다.

④ 삼각사다리의 한쪽 편에는 1단의 뜀틀을 배치한다. 다른 삼각사다리가 끝나는 지점에는 땡이 던지기를 배치한다.

⑤ 뜀틀 위에 고리를 담은 바구니를 놓아둔다.

놀이 방법

① 아이가 바닥에 늘어뜨려진 그물 아래로 엎드려서 왔다 갔다 지나다니며 그물을 만져 보도록 돕는다.

"그물 안으로 기어가 보자."

"그물 안으로 기어 보니, 느낌이 어떠니?"

"그물이 까칠까칠하구나."

② 그물을 흔들어 보고 이에 따라 나는 소리도 들어 보도록 돕는다.

"그물을 흔들어 볼까?"

"소리가 나네. 딸랑딸랑. 어디에서 나는 소리일까?"

③ 뜀틀 위의 고리를 들고 그물을 통과하여 반대편의 땡이 던지기의 고리 걸이 대에 걸어 본다.

"고리를 들고 가서 걸어 주자."

"고리를 들고 엉금엉금."

④ 아이의 활동을 격려한다. 삼각사다리를 오르내리거나 그물을 사이에 두고 엄마와 아이가 까꿍놀이를 하는 등의 여러 가지 방법으로 놀이를 계속할 수도 있다.

"우리 ○○이가 고리대에 고리를 걸어 주었네."

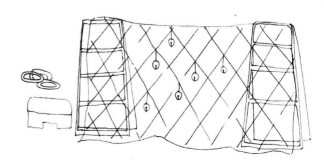

깡통 쓰러뜨리기

놀이 자료

평균대, 컬러시트, 작은 생수통, 콩, 쌀, 방울, 공, 바구니

놀이 자료의 구성

① 생수통에 콩, 쌀, 방울과 같은 재료를 각각 3분의 1만큼 넣어 뚜껑을 꼭
   닫아 준비한다.
② 컬러시트를 오려 내어 평균대 위에 생수통을 올려놓을 자리를 표시한다.
③ 표시된 시트 위에 재료를 담은 생수통을 올려놓는다.
④ 평균대에서 3-4m 떨어진 지점에 컬러시트를 오려 내어 발바닥 모양을
   붙여 놓는다.
⑤ 발바닥 모양 옆에 공을 담은 바구니를 배치한다.

놀이 방법

① 준비된 생수통을 탐색해 보도록 돕는다.
   "무엇일까? 흔들어 보자."
   "소리가 다르게 나네. 왜 소리가 다를까?"
   "어떤 소리가 좋니?"
② 발바닥 모양의 시트 위에 서서 공으로 평균대 위에 세워진 생수통을 맞
   혀 넘어뜨리도록 한다.
   "여기서 저 통을 쓰러뜨리는 거야. 공을 던져 잘 맞추어 보자."
③ 쓰러뜨린 생수통을 평균대 위에 표시된 컬러시트 위에 다시 세운다.
   "와! ○○이가 던진 공에 맞아 통이 쓰러졌네."
   "다시 해 볼 수 있도록 통을 다시 세워 주자."
④ 아이의 활동을 격려한다. 아이의 흥미에 따라 반복하여 활동해 볼 수도
   있다.

"우리 ○○이가 공 던지기도 잘하네."

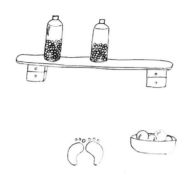

코알라 옷 입히기

놀이 자료

징검사다리, 감각판, 쿠션, 삼각 미끄럼, 융판, 코알라 그림, 볼풀공, 바구니

놀이 자료의 구성

① 다음을 참고하여 감각판을 만든다.

– 하드보드지의 가로 넓이가 징검사다리 안에 들어갈 정도의 크기로 잘라 낸다.

– 하드보드지에 양면테이프를 붙이고 그 위에 천, 비닐, 사포 등 여러 가 지 재료를 붙인다.

② 감각판을 징검사다리의 아랫면에 실로 연결하여 묶는다.

③ 전지에 코알라와 같은 동물 인형의 그림을 그린 후 옷 부분에 양면테이 프를 붙여 둔다.

④ 코알라 그림을 융판에 붙인다.

⑤ 감각판을 연결한 징검사다리, 쿠션, 코알라 그림을 붙인 융판의 순서로

배치한다.

⑥ 쿠션의 옆으로 삼각 미끄럼을 배치한다.

⑦ 징검사다리가 시작되는 부분에 볼풀공이 담긴 바구니를 준비한다.

놀이 방법

① 바구니에서 볼풀공을 한 개 들고 징검사다리 발판을 밟고 건넌다. 발판을 건널 때 발바닥에 느껴지는 촉감을 언어로 표현해 준다.

"바닥에 무엇인가 붙어 있구나. 무엇이 붙어 있는지 엄마와 함께 볼까?"

"비닐도 있고, 거칠거칠한 사포도 붙어 있구나."

"이 위를 지나 코알라의 옷을 만들어 주는 것은 어떨까?"

"비닐 위를 지날 때는 미끌미끌, 사포를 지날 때는 까칠까칠."

② 코알라의 몸통에 가지고 간 볼풀공을 붙인다.

"가지고 온 볼풀공으로 코알라의 옷을 꾸며 주자. 어디에 붙여서 꾸밀까?"

"우리 ○○이가 코알라의 옷을 꾸며 주었구나."

"코알라가 빨간 장식물이 있는 옷을 입었네."

③ 아이의 활동을 격려한다. 코알라의 옷을 더 입혀 주기를 제안하며 활동을 반복하여 해 본다.

"이번에는 코알라의 옷에 노란 장식을 해 줄까?"

"여러 가지 장식물을 달아 주면 코알라가 알록달록한 무늬의 옷을 입을 거야."

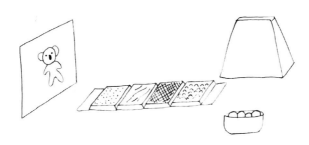

물 풍선 놀이

놀이 자료

풍선 5개, 후프 4개, 줄, 원형 적목 5개, 계단, 사각매트, 바구니 2개

놀이 자료의 구성

① 풍선 안에 물을 조금 넣고 터지지 않을 정도로 불어 준비한다.

② 천장에서 줄을 내려 후프를 달아 후프가 바닥에 닿을 수 있도록 준비한다.

③ 배치한 후프의 사이사이에 원형 적목을 놓는다.

④ 후프가 끝나는 지점에 계단과 사각매트를 연결하여 배치한다.

⑤ 출발 지점에 물 풍선을 담은 바구니를 놓고 사각매트 위에 빈 바구니를 놓아둔다.

놀이 방법

① 출발선에 놓인 바구니에서 물 풍선을 하나 꺼내 들고 탐색한다.

"이게 무엇일까? 풍선인데 안에 무엇인가 들어 있는 것 같구나."

"만져 보니 느낌이 어떠니?"

"차갑니? 따뜻하니?"

"물을 풍선 안에 넣어 물 풍선을 만들었구나. 만져 보니, 차갑기도 하고 물렁물렁하기도 하네."

② 엄마와 원형 적목 위에서 후프 사이로 물 풍선을 주고받으며 계단이 있는 곳까지 이동한다.

"엄마가 이 원형 적목 위에 서 있을 테니, ○○이가 후프 사이로 물 풍선을 엄마에게 던져 보자."

"이번에는 엄마 차례네. ○○이가 저쪽 원형 적목 위로 올라가자. 엄마가 물 풍선을 살짝 던질 테니 잘 받아 보렴."

③ 계단을 오른 후 아이가 가지고 간 물 풍선을 바구니에 담는다.

"이제 물 풍선을 바구니에 넣어 보자."

"우리가 물 풍선을 서로 주고받으며 이곳까지 가져왔어."

④ 아이의 활동을 격려한다. 남은 물 풍선을 같은 방법으로 옮겨 본다.

"물 풍선을 한 개 옮겼더니, 4개의 물 풍선이 남아 있구나. 또, 저쪽 바구니로 옮겨 볼까?"

줄 잡고 오르기

놀이 자료

여러 가지 줄, 삼각대, 테니스네트, 악기류, 리본, 비치볼

놀이 자료의 구성

① 빨랫줄, 밧줄, 천을 꼬아 만든 새끼줄, 넓은 고무줄 등의 여러 가지 줄을 준비한다.

② 볼풀장으로 들어갈 입구에 삼각대를 배치한다.

③ 준비한 줄을 볼풀장의 바에 연결하여 삼각대 위쪽으로 늘어뜨린다.

④ 볼풀장의 바에 테니스 네트를 연결한다.

⑤ 테니스 네트에 리본으로 탬버린, 딸랑이 등의 악기를 달아 놓는다.

놀이 방법

① 줄을 잡고 삼각대 위를 오른다.

"영차 영차, 줄을 잡고 이 위를 올라 보자."

"우리 ○○이가 삼각대 위로 잘 오르는구나."

② 볼풀장 안으로 들어가 네트를 흔들어 악기 소리를 들어 본다.

"어떤 악기들이 달려 있나?"

"어떤 소리가 나는지 들어 보자."

③ 네트를 사이에 두고 엄마와 아이가 비치볼을 주고받는다.

"엄마가 공을 던져 볼게. 그쪽에서 받아 보렴."

"이번에는 ○○이가 엄마에게 공을 던질 차례야. 엄마에게 힘껏 공을 던져 보자."

④ 아이의 활동을 격려한다. 볼풀공으로 네트의 악기를 쳐서 소리를 내 보는 등 아이가 원하는 여러 가지 방법으로 놀이할 수 있다.

"와! 우리 ○○이 엄마에게 공도 잘 던지네."

"이번에는 작은 공으로 악기를 맞혀 볼까?"

"공으로 탬버린을 맞혔구나. 찰랑찰랑 소리가 나네."

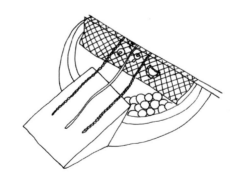

5) 집단놀이시간 「다 함께 모여요」

따따따 음악대

놀이 자료

소리를 낼 수 있는 도구, 바구니, 녹음기와 녹음테이프

놀이 자료의 구성

① 숟가락과 가벼운 양은 냄비 뚜껑, 작은 주전자와 젓가락, 나무 빨래판과
   나무 막대, 플라스틱 용기와 나무젓가락, 음료수 캔과 숟가락 등의 소리
   를 낼 수 있는 작은 도구들을 준비한다.
② 준비한 도구들을 바구니에 담아 준비한다.
③ 녹음테이프에 '어린 음악대' 노래를 3-4회 녹음하여 준비한다.

놀이 방법

① 아이, 엄마, 교사가 원을 만들어 둘러앉는다. '어린 음악대' 노래를 함께
   불러 본다.

> ♪어린 음악대
> 따따따 따따따 주먹 손으로
> 따따따 따따따 나팔 붑니다.
> 우리들은 어린 음악대
> 동네에서 제일이지요.

② 여러 가지 소리 나는 도구를 이용하여 음악대를 만든다. 준비된 도구들
   을 하나씩 악기로 이용하여 소리를 만들어 본다.
   "우리도 오늘 엄마와 함께 멋진 음악대를 만들어 보려고 해요. 음악대를
   만들려면 무엇이 있어야 할까요?"

"악기가 있어야 해요. 그런데 오늘은 아주 특별한 악기를 준비했답니다. 어떤 자료들이 있는지 바구니에서 함께 꺼내어 볼까요?"

"마음에 드는 것을 가져가서 소리 내어 봅시다."

"한꺼번에 모두 소리를 내니, 어떤 소리인지 모르겠어요. 한 사람씩 소리 내고 들어 보는 것은 어떨까요?"

"○○이가 가져간 것은 주전자와 쇠 젓가락. 땡강땡강 소리가 나네요."

③ 소리를 내어 본 도구를 하나씩 들고 일렬로 선다. 도구들로 소리를 내며 운동놀이방을 한 바퀴 돈다.

"따따따 음악대 노래를 부르며 운동놀이실을 한 바퀴 돌아 봅시다."

④ 흥겨움을 더하기 위해 준비한 녹음테이프를 함께 틀어 준다.

⑤ 엄마와 아이들의 활동을 격려한다. 놀이한 자료는 바구니에 담아 정리한다.

"멋있는 음악대가 되어 놀이했어요. 모두들 서로 잘했다고 격려하며 박수를 함께 쳐 봅시다."

6) 부모교육시간 「도란도란」

① 노래를 부르며 부모교육 자료를 엄마에게 전달한다.

♪ 편지 왔어요.
편지 왔어요. 편지 왔어요.
○○○, 편지 왔어요.

② 놀이에 참여한 경험에 대한 느낌과 부모교육 자료의 내용에 대해 이야기 나눈다.

"오늘은 우리 아이들과 함께 다양한 감각적 경험을 할 수 있는 놀이들을 해 보았습니다. 아이들의 촉감을 길러 주는 놀이에는 어떤 놀이들이 있을까요? 가정에 돌아가서 할 수 있는 청각을 발달시켜 주는 놀이는 어떤 것이 있을까요? 함께 이야기를 나누면서 아이디어를 공유해 보도록 해요."

③ 부모교육 자료는 뒤 장에 제시된 놀이 활동과 부모교육 자료를 활용한다.

▶ 놀이활동 자료: 서로 닿아요

▶ 부모교육 자료: 형제관계 어떻게 해야 할까요? − Ⅱ

7) 헤어짐의 인사시간 「안녕! 또 만나요」

① 노래를 부르며 헤어질 시간임을 알린다.

> ♪ 안녕
> 안녕 안녕, 선생님. 안녕 안녕, 친구들.
> 다음 주에 만나 재밌게 놀자. 안녕 안녕 안녕.

② 아이들 각각과 인사한다.
"오늘도 잘 놀았어요."
"선생님과 인사하고 돌아가자."
"다음 주에도 건강한 모습으로 만나자."

7주 집단발달놀이 프로그램

놀이 유형: 상상인지놀이

놀이 주제: 상상해 보세요

놀이 목표: 머릿속에 상상한 여러 가지 상황을 몸으로 표현한다.

음악을 듣고 상상되는 것을 몸으로 표현해 본다.

1) 만남의 인사시간 「하하 안녕」

(1) 전체 인사

① 교사와 아동, 엄마가 함께 모여 노래에 따라 인사를 한다.

② 노래를 모두 함께 부르며 만남의 즐거움을 표현한다.

♪ 전체 인사 노래

안녕하세요, 선생님. 안녕 안녕, 친구들.

재미있게 놀아요. 함께 놀아요. ○○○에서.

(2) 개별 인사

① 노래에 따라 아동 한 명씩 이름을 넣어 인사한다.

② 아동의 이름을 부를 때마다 아동을 가리킨다.

③ 아동이 엄마의 도움을 받아 다른 사람들에게 인사하도록 돕는다.

♪ 개별 인사 노래

○○○, ○○○ 어디 있나요?

여기 여기 안녕하세요.

2) 놀이주제 소개시간 「집단발달놀이 소개」

① 오늘의 집단발달놀이 주제에 대해 소개한다.
② 주제에 따른 놀이의 의의 및 효과에 대해 함께 소개한다.

"오늘은 아이들과 함께 상상놀이를 하겠습니다. 상상한 상황을 만들어서 놀이하는 상상놀이는 만 2세 이후에야 발달하기 시작합니다. 아이가 놀이하고 있는 모습을 가만히 들여다보면 실제로는 먹을 것이 없지만 먹는 모습을 흉내 내거나, 인형을 마치 진짜 아기처럼 다루는 모습들을 보게 됩니다. 이와 같은 놀이를 상상놀이라고 하는데, 상상놀이는 아이의 인지적인 경험이나 능력과 상당한 관계가 있습니다. 상상놀이를 하려면 대상 사물과 자신의 사고를 분리할 수 있어야 합니다. 예를 들어, 막대기를 '말'이라고 하며 타고 노는 아이는 이제 막대기를 막대기 그 자체로 보지 않습니다. 실제 막대기로부터 '말'의 의미를 분리하여 행동하고 있는 것입니다. 이처럼 실제의 물체로부터 의미를 분리해 가는 것은 연령에 따라 차이가 있습니다. 아이들은 처음에는 사물 그 자체로 놀이하지만, 점차 그 의미를 분리해 가며 놀이합니다. 예를 들어, 놀잇감 전화기만을 들고 전화놀이를 하던 아이들이 점차 나이가 들면서 막대기만을 들고서도 전화 다이얼을 돌리고 전화하는 척하면서 놀이하게 됩니다. 이처럼 점차로 현실세계와 분리된 상징들을 다룰 수 있다는 점에서 상상놀이는 아이들의 추상적, 상상적 사고의 기초가 되는 놀이 활동이 됩니다. 상상놀이는 연령에 따라 자연스럽게 발전해 나가기도 하지만, 풍부한 상상놀이의 경험은 아이의 놀이 활동을 다양화하는 동시에 사고의 발달을 유도합니다. 오늘은 구체적인 물건들을 이용한 상상놀이뿐만 아니라 음악을 듣고 표현해 보는 다소 추상적인 형태의 놀이도 준비했습니다. 어떤 놀이는 잘 일어나는 반면, 어떤 놀이는 경험해 보지 않아서 잘 일어나지 않을 수도 있습니다. 아이들의 상상놀이를 확장하기 위하여 어떤 도움을 줄 수 있을지 생각해 보면서 놀이해 보세요. 아이들과 함께 상상의 나라로 여행을 떠나 보세요."

3) 노래 및 율동시간 「우리 모두 즐겁게」

♪ 나는 콩

① 콩이 프라이팬으로 들어가면 어떤 느낌이 들지 이야기 나누어 본다.
② 교사가 준비한 노래를 간단한 율동과 함께 1회 정도 불러 준다.
③ 아이들과 함께 불러 본다.

> **나는 콩**
> 나는 콩 나는 콩
> 동글동글해서 떼구르르르
> 프라이팬에 들어갔었지
> 그런데 웬일일까? 어 어 어
> 아이구 뜨거워 아이구 뜨거워

4) 개별놀이시간 「발달놀이 해요」

동물친구의 하루

놀이 자료
동물 인형, 동물 먹이, 블록, 놀잇감 차

놀이 자료의 구성
① 다양한 동물 인형과 놀잇감 차를 준비한다.
② 동물 인형은 시중에서 판매하는 동물 인형들을 이용하거나 티슈 통을 이용하여 직접 만들어 사용할 수도 있다. 만드는 방법은 다음을 참고한다.

③ 동물 인형 만드는 법
- 티슈 통을 색상지로 싼다.
- 상자의 앞부분에 그려서 코팅한 여러 가지 동물 인형의 얼굴을 붙이고 뒤편에는 빵 철사로 꼬리를 만들어 붙인다. 꼬리 부분에는 방울을 달아 준다.
- 동물의 입 부분을 칼로 오려 낸다.
④ 동물의 먹이를 만든다. 음식그림을 그려 코팅하여 준비한다.

놀이 방법
① 준비된 동물 인형을 커다란 자루에 들고 와서 아이의 흥미를 유발한다.
　"안녕! 친구들. 놀이방에 친구들이 놀러 왔어요. 친구들이 이 자루 속에 많이 들어 있대요. 어떤 친구들이 왔는지 볼까요?"
② 아이들과 함께 동물 인형을 꺼낸다. 동물의 소리나 움직임을 흉내 내며 하나씩 꺼내 본다.
　"깡충깡충! 귀여운 토끼가 놀러왔어요."
　"어흥! 무서운 호랑이가 그 뒤를 따라왔군요."
　"코끼리 아저씨는 코가 손이래요. 코가 아주 긴 코끼리도 놀러 왔어요."
③ 꺼낸 동물 인형을 이용하여 놀이하다가, 블록으로 놀이장소를 만들어 줄 것을 제안한다.
　"코끼리야, 안녕! 나는 토순이란다. 오늘 우리 물놀이 가지 않을래? 네 등에 나를 태워 주었으면 좋겠다."
　"좋아, 좋아. 우리 수영장으로 물놀이 가자."
　"수영장은 어디로 할까?"
　"그래, 여기에 있는 블록으로 수영장을 만드는 것도 좋겠다."
④ 아이들과 함께 구성한 장소에서 상상놀이를 하며 놀이가 확장될 수 있도록 돕는다.
　"아이! 차가워. 이제 그만, 그만!"
　"배가 고프네. 무얼 좀 먹을까?"

"와! 저기에 우리가 타고 갈 버스가 오는구나."

"이제 버스를 타고 집으로 돌아갈까?"

"호랑이는 더 놀고 싶어 하는구나."

"이번에는 버스를 타고 다른 곳으로 가서 놀까?"

보고 듣고 따라 하고 상상하기

놀이 자료

주변의 소리, 그림 자료

놀이 자료의 구성

① 시중에서 판매되는 주변의 소리를 담은 테이프를 이용하여 아이에게 익숙한 생활의 소리들을 2회 정도씩 반복하여 녹음해 둔다. 예를 들면, 강아지, 고양이와 같은 동물의 소리, 물 내려가는 소리와 같은 생활 속에서의 소리, 헬리콥터와 같은 교통수단의 소리, 아기 울음소리 및 웃음소리, 엄마와 아빠의 목소리 등이다. 아이의 주변 생활에서 나는 간단한 소리, 예를 들면 설거지를 하는 소리 등은 직접 녹음하여 준비할 수도

있다.

② 녹음한 소리를 나타내는 그림 자료를 만든다. 적당한 크기의 종이에 그림을 그려 넣고 코팅하거나 뒷면에 두꺼운 종이를 대어 카드를 만든다.

놀이 방법

① 그림카드를 펼쳐 놓고 어떤 그림이 있는지 알아본다.

"어떤 그림들이 있는지 함께 볼까요?"

"두두두두 소리를 내며 하늘을 날아가는 헬리콥터의 그림이 있구나."

② 녹음한 소리를 들려준다. 어떤 소리인지 이야기 나누면서 소리와 관련이 있는 그림카드를 찾아본다.

"이번에는 소리를 들어 보자."

"어떤 소리가 났니?"

"그래, 아이가 울고 있는 소리가 났구나. 이 그림들 중에서 이런 소리가 날 것 같은 그림을 찾아보자."

③ 아이의 활동을 격려한다. 소리를 반복하여 들어 보면서 몸으로 소리를 흉내 내어 본다.

"우리 ○○이가 소리와 관계있는 그림을 잘 찾아내는구나."

"이번에는 어떤 소리가 날까?"

"소리를 따라서 내어 볼까?"

"달그락 달그락 소리를 내면서 엄마가 설거지를 해요."

④ 아이가 어려워하면 엄마와 교사가 어떻게 하는지 간단한 동작을 만들어 보이며 아이의 활동을 유도한다.

음악 듣고 상상하여 표현하기

놀이 자료
음악 자료, 스카프

놀이 자료의 구성
① 디스코 음악-아리랑-디스코 음악-훌라춤 음악과 같은 방식으로 빠른 곡과 느린 곡을 2-3분 정도의 간격으로 차례로 녹음한다.
② 스카프는 아이들이 들고 춤을 추기에 적당한 크기로 준비한다.

놀이 방법
① 교사의 손뼉 소리에 맞추어 몸을 움직여 본다.
   "선생님을 따라 해 보자. 두 손 짝!"
   "손뼉을 빨리 쳐 보자. 짝짝짝짝짝!"
   "손뼉을 느리게 쳐 보자. 짝-짝-짝."
   "이번에는 손뼉을 가만히 쳐 보자. 사알-짝."
   "선생님의 손뼉 소리에 맞추어 걸어 보자. 조금 빨리, 이번에는 느리게, 느리게."
② 아이들에게 음악을 틀어 주고 들어 본다. 박자에 따라 손뼉을 쳐 본다.
   "선생님이 준비한 음악을 들어 보자."
   "손뼉을 치면서 들어 보자."
   "빠른 음악이 나오네. 조금 빨리 손뼉을 쳐 보자."
   "음악이 조용하게 흐르네. 이번에는 살짝 손뼉을 치며 들어 보자."
③ 일어서서 음악에 따라 몸을 움직여 본다. 스카프를 주어 아이들의 움직임이 더욱 활발하게 일어나도록 돕는다.
④ 아이들의 활동을 격려한다.
   "우리 친구들이 음악에 따라 느리게도, 빠르게도 움직였어요."

"어떤 친구는 몸을 아주 크게 하여 움직이기도 했고, 어떤 친구는 스카프를 위로 흔들며 춤을 추었어요."
"모두들 음악을 듣고 몸을 아주 잘 움직이는구나."

5) 집단놀이시간 「다 함께 모여요」

음악과 함께

놀이 자료
음악 자료, 전지, 그리기 도구, 물고기 모양의 시트, 물풀 모양의 시트

놀이 자료의 구성
① Under the sea와 같이 바다와 관련한 흥겨운 음악을 2, 3회 반복하여 녹음한다.
② 전지 2-3장을 연결하여 벽면에 붙인다.
③ 컬러시트를 물고기 모양과 물풀 모양으로 오려 놓는다.

놀이 방법

① 엄마와 아이들이 놀이실 가운데에 원을 만들어 모여 앉는다.

② 바다 속에 온 것 같은 상상을 유도한다.

"쏴아아아, 이게 무슨 소리일까요?"

"이곳에는 모래도 있고, 물속을 헤엄치는 오징어도 있어요."

"우리도 오늘 바다 속으로 들어가 볼까요?"

③ 그리기 도구와 시트를 이용하여 벽면에 바다 속을 꾸민다. 이때 아이의
   상상력이 더욱 자극되도록 아이들의 활동에 따라 적절한 언어적 자극을
   준다.

"바다 속을 만들어 보자."

"물고기와 물풀들과 조개들과 인어공주가 살고 있는 바다를 만들어 보자.
또 바다 속에는 무엇이 있을까?"

"이 작은 물고기의 친구는 어디에 있을까?"

"바다 속의 커다란 동굴 안에서는 어떤 일들이 일어나고 있을까?"

④ 준비한 음악을 들려 주어 아이들의 활동을 더욱 즐겁게 유도한다.

⑤ 아이들의 활동을 격려한다.

"문어와 꽃게 친구들이 함께 사는 멋진 바다 속 모습이 되었네."

"○○이는 물풀 사이로 조개를 그려 넣었구나."

6) 부모교육시간 「도란도란」

① 노래를 부르며 부모교육 자료를 엄마에게 전달한다.

> ♪ 편지 왔어요.
> 편지 왔어요. 편지 왔어요.
> ○○○, 편지 왔어요.

② 놀이에 참여한 경험에 대한 느낌과 부모교육 자료의 내용에 대해 이야기
나눈다.

"오늘은 아이들과 함께 여러 가지 상상을 하여 표현하는 놀이를 해 보았
습니다. 아이들과 함께 놀이해 본 느낌이 어떠십니까? 25개월에서 36개
월의 아이들은 긴 이야기를 상상하여 놀이하는 것은 어렵지만, 간단한
동물들과 사물들의 움직임과 소리를 떠올려 상상하는 놀이들을 좋아합니
다. 가정에서도 동물 인형들과 소품들을 이용하여 간단한 이야기를 구성
하며 놀이해 보세요. 상상력의 발달은 인지 발달과도 관련이 있어서 성
인이 함께 참여하여 놀이를 확장시켜 주면 아이들의 인지적 성장에도 도
움이 된답니다."

③ 부모교육 자료는 뒤 장에 제시된 놀이 활동과 부모교육 자료를 활용한다.

▶ 놀이활동 자료: 거울놀이. 동물 춤 추기
▶ 부모교육 자료: 동요에 율동을 붙여 따라 하게 합니다.

7) 헤어짐의 인사시간 「안녕! 또 만나요」

① 노래를 부르며 헤어질 시간임을 알린다.

> ♪ 안녕
> 안녕 안녕, 선생님. 안녕 안녕, 친구들.
> 다음 주에 만나 재밌게 놀자. 안녕 안녕 안녕.

② 아이들 각각과 인사한다.
"오늘도 잘 놀았어요."
"선생님과 인사하고 돌아가자."
"다음 주에도 건강한 모습으로 만나자."

8주 발달놀이 프로그램

놀이 유형: 대근육 운동놀이

놀이 주제: 이쪽! 저쪽!

놀이 목표: 신체 조정 능력을 기른다.

신체의 이동방향을 신속하게 바꾸어 가며 이동할 수 있다.

1) **만남의 인사시간** 「하하 안녕」

(1) 전체 인사

① 교사와 아동, 엄마가 함께 모여 노래에 따라 인사를 한다.

② 노래를 모두 함께 부르며 만남의 즐거움을 표현한다.

♪ 전체 인사 노래

안녕하세요, 선생님. 안녕 안녕, 친구들.

재미있게 놀아요. 함께 놀아요. ○○○에서.

(2) 개별 인사

① 노래에 따라 아동 한 명씩 이름을 넣어 인사한다.

② 아동의 이름을 부를 때마다 아동을 가리킨다.

③ 아동이 엄마의 도움을 받아 다른 사람들에게 인사하도록 돕는다.

♪ 개별 인사 노래

○○○, ○○○ 어디 있나요?

여기 여기 안녕하세요.

2) 놀이주제 소개시간 「집단발달놀이 소개」

① 오늘의 집단발달놀이 주제에 대해 소개한다.
② 주제에 따른 놀이의 의의 및 효과에 대해 함께 소개한다.

"오늘 할 운동놀이는 아이들의 민첩성을 기르는 놀이입니다. 민첩성이란 목적에 따라 신체를 신속하게 이동하는 능력을 말합니다. 25개월에서 30개월의 아이들은 아직 신체의 움직임이 정교하지 못하기 때문에 뛰어가다가 갑자기 멈추어 서기, 걷다가 갑자기 방향을 바꾸어 가는 등의 활동이 어렵습니다. 그러나 30개월이 지나면서 점차로 움직임이 세분화되고, 또 움직임에 대한 자기 통제력이 발달하게 되면서 방향을 바꾸어 신체를 움직이는 민첩성은 점차 증가하게 됩니다. 때문에, 오늘 놀이 활동을 할 때에는 아이들이 신체의 움직임을 보다 정교하게 할 수 있도록 방향에 따라 천천히 몸을 움직이는 것에 초점을 맞추어 활동하도록 하고, 30개월 이후의 아이들은 좀 더 빠르게 몸을 움직여 방향을 바꾸어 보는 신체 놀이 경험을 할 수 있도록 유도하는 것도 좋겠습니다. 그러나 아이들의 신체 발달 또한 개인차가 있으므로 월령에 연연하여 놀이하기보다는, 아이의 운동 발달 수준을 고려하여 아이가 원하는 방식으로 충분히 즐겁게 놀이할 수 있도록 하는 것이 더 중요하다고 하겠습니다. 그러면 오늘 하루도 우리 아이들의 운동 능력 발달에 도움이 되기를 바라면서 놀이를 시작하겠습니다."

3) 노래 및 율동시간 「우리 모두 즐겁게」

♪ 둥글게 둥글게

① 아동들과 함께 본격적인 놀이 활동 전에 다음의 율동을 참고하여 율동을 한다.

② 교사와 엄마들, 아이들이 원 대형을 만들어 선다.

③ 처음에는 교사의 음성에 따라 노래와 율동을 천천히 진행한다.

④ 음악 테이프를 틀어 놓고 율동을 한다.

⑤ 아동들의 노래 및 율동을 격려한다.

둥글게 둥글게

둥글게 둥글게 둥글게 둥글게: 양손을 번갈아 가며 돌린 후 손뼉을 친다.

빙글빙글 돌아가며 춤을 춥시다: 모두 손을 잡고 오른쪽으로 돈다.

손뼉을 치면서 노래를 부르며: 제자리에 서서 손뼉을 치고 양손을 입가에 대고 노래를 부르는 시늉을 한다.

랄라랄라 즐거웁게 춤추자: 모두 손을 잡고 오른쪽으로 돈다.

링가링가링가 링가링가링 링가링가링가 링가링가링: 손을 반짝거리며 제자리에서 돌며 뛴다.

손에 손을 잡고 모두 다 함께 즐거웁게 춤을 춥시다: 모두 손을 잡고 뛰면서 돈다.

둥글게 둥글게 둥글게 둥글게. 빙글빙글 돌아가며 춤을 춥시다. 손뼉을 치면서 노래를 부르며 랄라랄라 즐거웁게 춤추자: 앞의 율동을 반복한다.

4) 개별놀이시간 「발달놀이 해요」

지그재그

놀이 자료

낮은 삼각대, 계단, 사각매트, 평균대 2개, 미끄럼틀, 원통, 바구니, 공

놀이 자료의 구성

① 놀이 자료를 낮은 삼각대, 계단, 사각매트, 평균대 2개, 원통, 미끄럼틀

의 순서로 지그재그모양으로 배치한다.

② 세팅이 시작되는 지점인 낮은 삼각대 앞에 바구니를 배치하고, 바구니 안에 공을 넣어 둔다.

놀이 방법

① 바구니 안에서 공을 하나 꺼내 들고 낮은 삼각대 위로 오른다.

② 몸을 돌려 계단으로 올라선 후, 계단을 따라 오른다.

　"몸의 방향을 바꾸어 보세요. 뒤로 돌아서 계단을 올라 보자."

③ 계단을 올라 사각매트로 올라선 후 반대편의 계단을 따라 내려온다.

④ 몸의 균형을 잡아 가며 평균대를 지난다.

　"균형을 잡고 평균대를 건너 보세요."

⑤ 평균대가 끝나는 지점에서 원통 안에 공을 넣는다.

　"원통 안으로 공을 넣어 보세요. 준비! 슛!"

⑥ 몸을 돌려 미끄럼대로 올라 미끄럼을 타고 내려온다.

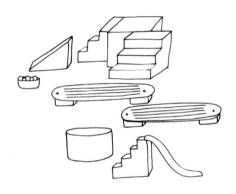

빠르게 옮기기

놀이 자료
삼각사다리, 징검사다리, 트램블린, 끈, 고리, 탬버린, 손목딸랑이

놀이 자료의 구성
① 삼각사다리의 3단에 징검사다리를 연결한다.
② 징검사다리를 연결한 삼각사다리와 트램블린을 5m 정도 간격을 두어 배치한다.
③ 트램블린의 바와 삼각사다리, 징검사다리를 이용하여 줄을 지그재그 모양으로 배치한다.
④ 각각의 줄에 탬버린, 고리, 손목 딸랑이를 끼워 놓는다.

놀이 방법
① 트램블린의 줄에 연결된 악기를 잡고 삼각사다리 쪽으로 이동한다.
　"탬버린을 잡고 삼각사다리가 있는 곳까지 가 보자."
② 다시 몸의 방향을 바꾸어서 고리를 잡고 트램블린 쪽으로 이동한다.
　"이번에는 몸을 돌려 고리를 들고 트램블린이 있는 곳까지 가세요."
③ 트램블린 쪽까지 오면 손목딸랑이를 잡고 다시 징검사다리 쪽으로 이동한다.
　"딸랑딸랑 소리를 내면서 사다리 쪽으로 가세요."
④ 아이의 활동을 격려한다.
　"우리 ○○이가 몸을 잘 움직이는 구나."
⑤ 반복하여 반대편으로 방향을 움직여 보는 활동을 진행한다.

공중 공 피하기

놀이 자료
고무줄 끈, 공

놀이 자료의 구성
① 천정으로부터 고무줄 끈을 늘어뜨린다.
② 고무줄의 끝에 가벼운 공을 연결한다.

놀이 방법
① 엄마와 아이가 공을 마주 보고 선다.
② 엄마가 먼저 공을 아이 쪽으로 밀면 아이는 공에 맞지 않도록 재빨리 피한다.
  "엄마가 공을 ○○이 쪽으로 밀 거야. 그러면 ○○이는 공에 맞지 않도록 피하는 거예요."
③ 아이가 공을 밀면, 이번에는 엄마가 공을 맞지 않도록 재빨리 피한다.
  "이번에는 ○○이가 공을 엄마 쪽으로 밀어 보겠니?" 이번에는 엄마가 ○○이가 미는 공을 피할 거예요."
④ 서로 번갈아 가며 반복하여 활동한다.

리본 감기

놀이 자료
트램블린, 리본

놀이 자료의 구성
① 폭 5㎝ 이상, 3m 길이의 리본을 준비한다.
② 리본의 끝 부분을 셀로판테이프로 붙여 끝을 단단하게 한다.
③ 준비된 리본을 트램블린에 연결한다.

놀이 방법
① 여러 가지 방법으로 리본을 탐색한다.
　"리본을 위로 날려 보자."
　"리본이 구불구불 뱀처럼 움직여요."
② 리본을 몸에 감아 가며 트램블린이 있는 곳까지 간다.
　"리본을 몸에 감아 보자. 어떻게 감을 수 있을까?"
③ 리본을 몸에 다 감으면 다시 몸을 돌려 가며 리본을 푼다.
　"이번에는 리본을 풀면서 저곳까지 가는 거야. 준비! 몸을 돌려 가면서
　출발!"
④ 아이의 활동을 격려한다.
　"리본이 몸에 감기도록 몸을 잘 돌리는구나."
　"리본을 가지고 몸에 감고 푸는 놀이를 하는구나."

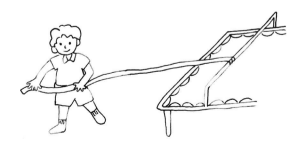

공 차서 악기 맞추기

놀이 자료

후프, 탬버린, 가벼운 공, 바구니, 스티커

놀이 자료의 구성

① 작은 후프 안에 실로 탬버린을 연결한다.

② 탬버린을 연결한 후프를 벽면에 배치한다.

③ 바구니 안에 공을 담아 놓는다.

놀이 방법

① 공을 바닥에 내려 두고 손으로 공을 던져 탬버린을 맞혀 본다.

"공을 던져서 탬버린을 맞혀 보자."

② 공을 던져 탬버린을 맞히고, 탬버린에서 소리가 나면 그때마다 아이의 손등에 스티커를 하나씩 붙여 준다.

"우리 ○○이가 공을 잘 던졌네. 잘 던졌다는 표시로 스티커를 붙여 줄게."

③ 벽면에서 튕겨 나온 공을 빠르게 다시 잡아 본다.

"이번에는 엄마가 공을 던져 볼게. 공이 탬버린을 맞히면 ○○이가 공을 잡아 보는 거야."

④ 익숙해지면 발로 차서 탬버린을 맞혀 본다.

"공을 발로 차서 탬버린을 맞혀 볼까?"

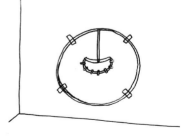

⑤ 아이의 활동을 격려한다.

"손으로도 공을 잘 던지고, 발로도 공을 잘 차는구나."

"공으로 맞히는 놀이를 열심히 하는구나."

5) 집단놀이시간 「다 함께 모여요」

색종이 꼬리잡기

놀이 자료
색종이, 리본

놀이 자료의 구성
① 색종이에 리본을 묶는다.
② 색종이를 묶은 리본을 허리에 단다.

놀이 방법
① 아이, 엄마, 교사가 원을 만들어 둘러선다.
② '빙빙 돌아라' 노래를 부르며 서로 손을 잡고 움직인다.

> ♪빙빙 돌아라
> 손을 잡고 오른쪽으로 빙빙 돌아라
> 손을 잡고 왼쪽으로 빙빙 돌아라
> 뒤로 살짝 물러섰다 앞으로 다시 들어가
> 손뼉 치고 안으로 모여라

③ 노래에 따라 모두들 안으로 모여 서면 교사가 조용히 놀이 방법을 알려
준다.
"오늘 선생님이 리본 끈이 달린 색종이를 준비했어요. 이 끈을 허리에
매어 보세요."
"이제 '시작!' 하면 친구나 엄마의 색종이를 잡아당기는 거예요."
④ 신호에 따라 엄마와 아이들이 운동놀이방을 뛰어다니며 서로의 색종이를

뗀다.

⑤ 다른 친구의 것도 떼어 보자고 제안하며 친구의 색종이를 떼러 갈 수도 있다.

⑥ 엄마와 아이의 놀이 활동을 격려한다.

6) 부모교육시간 「도란도란」

① 노래를 부르며 부모교육 자료를 엄마에게 전달한다.

> ♪ 편지 왔어요.
> 편지 왔어요. 편지 왔어요.
> ○○○, 편지 왔어요.

② 놀이에 참여한 경험에 대한 느낌과 부모교육 자료의 내용에 대해 이야기 나눈다.

"오늘은 우리 아이들과 함께 민첩성을 키우는 놀이들을 해 보았습니다. 아이들과 산책 나간 공원이나 산에서 나무 사이사이로 뛰어다니는 놀이들도 민첩성을 기르는 놀이입니다. 또 어떤 놀이들이 민첩성을 기르는 데 도움이 될까요? 준비된 부모교육 자료를 보고 이야기 나누어 봅시다."

③ 부모교육 자료는 뒤 장에 제시된 놀이 활동과 부모교육 자료를 활용한다.

▶ 놀이활동 자료: 손수건 낙하산. 풍선 피하기. 신문지 공 빵빵이
▶ 부모교육 자료: 난폭하게 굴었을 때는 힘껏 껴안아 주세요.

7) 헤어짐의 인사시간 「안녕! 또 만나요」

① 노래를 부르며 헤어질 시간임을 알린다.

> ♪ 안녕
> 안녕 안녕, 선생님. 안녕 안녕, 친구들.
> 다음 주에 만나 재밌게 놀자. 안녕 안녕 안녕.

② 아이들 각각과 인사한다.
　"오늘도 잘 놀았어요."
　"선생님과 인사하고 돌아가자."
　"다음 주에도 건강한 모습으로 만나자."

9주 집단발달놀이 프로그램

놀이 유형: 창작인지놀이

놀이 주제: 다양한 재료로 만들기

놀이 목표: 다양한 자료를 이용하여 만들어 보는 경험을 통해 창의력을 기른다.

오리고 주무르고 붙이는 등의 활동을 통해 소근육 발달을 돕는다.

작품을 만들어 보는 경험을 통해 자기 만족감과 성취감을 기른다.

1) 만남의 인사시간 「하하 안녕」

(1) 전체 인사

① 교사와 아동, 엄마가 함께 모여 노래에 따라 인사를 한다.

② 노래를 모두 함께 부르며 만남의 즐거움을 표현한다.

♪ 전체 인사 노래

안녕하세요, 선생님. 안녕 안녕, 친구들.

재미있게 놀아요. 함께 놀아요. ○○○에서.

(2) 개별 인사

① 노래에 따라 아동 한 명씩 이름을 넣어 인사한다.

② 아동의 이름을 부를 때마다 아동을 가리킨다.

③ 아동이 엄마의 도움을 받아 다른 사람들에게 인사하도록 돕는다.

♪ 개별 인사 노래

○○○, ○○○ 어디 있나요?

여기 여기 안녕하세요.

2) 놀이주제 소개시간 「집단발달놀이 소개」

① 오늘의 집단발달놀이 주제에 대해 소개한다.

② 주제에 따른 놀이의 의의 및 효과에 대해 함께 소개한다.

"오늘은 아이들과 함께 창작놀이를 해 보려고 합니다. 오늘 준비된 개별 창작놀이 활동은 '액자 만들기', '인형 만들기', '내가 만든 타일'이란 놀이이며, 각기 다른 자료들로 만들어 볼 수 있도록 구성하였습니다. 종이, 수수깡, 지점토, 타일 등 다양한 자료를 다루어 보는 경험은 아이들로 하여금 물체를 다양한 방법으로 재구성 하도록 돕습니다. 특히 타일과 같이 집을 짓는 데 사용되는 자료가 창작재료로도 사용될 수 있다는 것은 사고에 있어서의 융통성을 유도할 수 있습니다. 이를 통해 창의력을 기를 수 있는 것입니다. 또한 창작활동은 결과물이 있다는 점에서 아이들의 성취감과 긍정적인 자아개념을 형성하는데도 도움이 됩니다. 가정에서 사용하는 여러 가지 자료들, 주변에서 흔히 볼 수 있는 물건들 모두가 창작활동의 자료로 활용될 수 있습니다. 오늘의 놀이경험을 통하여 가정에서도 다양한 자료를 이용하여 창작활동을 계획해 볼 수 있다면, 더욱 유익한 시간이 될 것입니다."

3) 노래 및 율동시간 「우리 모두 즐겁게」

♪ 비행기

① 아이들에게 색종이를 하나씩 나누어 주어 엄마와 함께 종이비행기를 접어 보도록 한다.
② 만들어진 종이비행기를 들고 노래를 불러 본다.

> 비행기
> 떴다 떴다 비행기 날아라 날아라
> 멀리멀리 날아라 우리 비행기
> 내가 만든 비행기 날아라 날아라
> 멀리멀리 날아라 우리 비행기

4) 개별놀이시간 「발달놀이 해요」

액자 만들기

놀이 자료
액자 틀, 펀치, 고리, 사진, 수수깡, 빨대, 본드, 가위, 칼, 셀로판테이프

놀이 자료의 구성
① 하드보드지를 오려 내어 액자 틀을 만들어 준비한다. 다음의 삽화를 참고하여 만든다.
② 사진은 미리 엄마에게 알려 가정에서 한 장씩 들고 오도록 한다.

놀이 방법

① 아이들이 가지고 온 사진을 보며 이야기를 나누어 본다.

　"오늘 ○○이는 사진을 한 장 가지고 왔네. 어떤 사진인지 소개해 줄래?"

　"○○이는 엄마, 아빠와 놀이동산에 놀러 가서 찍은 사진을 가지고 왔어요. 와! 하은이 뒤로 커다란 동물 인형이 서 있네."

② 준비된 액자 틀을 탐색한다.

　"친구들이 사진을 가지고 왔다면, 선생님은- 짠! 사진을 담을 액자 틀을 준비했어요."

　"액자 틀 사이로 선생님 얼굴이 보이지요?"

　"○○이 얼굴도 보이는지 어디 한번 대어 볼까?"

③ 액자 틀을 꾸밀 재료들을 내어 주고 각각의 재료들을 탐색한다. 수수깡과 빨대를 적당한 크기로 자른다.

　"그런데 이 액자에는 어떤 무늬도 없어요. 이 액자도 예뻐지고 싶다는데, 상은이가 꾸며 주는 것은 어떨까?"

　"이것은 수수깡이라는 이름을 가지고 있어. 만져 보자. 느낌이 어떠니?"

　"이 빨대는 우유나 요구르트를 먹을 때 쓰는 것인데. 액자를 구밀 때는 어떻게 쓸까?"

④ 본드를 이용하여 액자 틀에 꾸밀 재료들을 붙인다.

　"이제 우리가 자른 재료들을 붙여 보자."

　"먼저 붙일 곳에 본드를 조금 발라 줄게. 어디에 붙일까?"

　"수수깡을 붙이니까 액자가 훨씬 더 예쁘게 보이는구나."

⑤ 셀로판테이프를 이용하여 사진을 액자 틀에 붙인다. 펀치로 액자 틀의 윗면에 구멍을 뚫은 후 고리를 달아 액자를 완성한다.

　"이제 사진을 붙여 보자. 선생님이 셀로판테이프를 떼어 주면 하은이가 직접 붙이도록 하자."

　"자, 이제 이렇게 고리를 달면 완성!"

⑥ 아이의 활동을 격려한다.

　"○○이가 만든 이 액자는 어디에 걸어 둘까요?"

"열심히 빨대를 오려 내어 예쁘게 액자를 만들었구나."

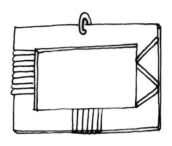

인형 만들기

놀이 자료

종이점토, 플라스틱 접시, 비닐, 유성 매직, 깃털, 마카로니

놀이 자료의 구성

① 비닐은 아세테이트지를 사용한다.

② 인형을 꾸밀 재료로는 깃털, 마카로니 이외에 털실, 작은 조개껍질 등도
   사용할 수 있다.

놀이 방법

① 플라스틱 접시를 엎어 놓고 그 위에 비닐을 깐다.

② 유성 매직으로 눈, 코, 입을 표시한다.

   "동그란 접시 위에 얼굴을 그려 보자."

   "혼자 그려도 되고 엄마와 함께 그려도 된단다."

   "우리 얼굴에는 무엇이 있을까?"

③ 지점토를 충분히 탐색한 후에 점토를 접시 위에 붙인다.

"이 하얀 덩어리는 어디에 쓰려고 가져왔을까요? 그래, 이 지점토를 접시 위에 붙여 인형을 만들어 볼 거예요. 그 전에 지점토를 만져 보자. 느낌이 어떠니?"

"이 지점토로 무언가를 만들어 본 적이 있니?"

"지점토가 동그란 모양이 될 수도 있고 길쭉한 모양이 될 수도 있구나. 꼭 요술쟁이 같네."

"이제 지점토로 얼굴을 만들어 주자. 우리가 그려 놓은 눈, 코, 입을 피해서 지점토를 붙이자. 꾹꾹 손으로 눌러서 붙여 보자."

④ 준비된 자료를 탐색하며, 자료를 이용하여 아이들이 만든 인형을 꾸민다.

"인형을 예쁘게 꾸며주자. 후- 바람에 살짝 날아가는 이 깃털은 어디에 붙여 꾸밀까?"

⑤ 아이의 활동을 격려한다.

"하은이가 지점토로 예쁜 인형을 만들었네."

"깃털을 붙여서 멋진 장식을 만들었구나."

"마카로니를 볼에 붙이니까 인형이 수줍어하는 것 같구나."

⑥ 만든 인형은 그늘에서 말리고, 다 마르면 물감으로 색을 칠한다.

내가 만든 타일

놀이 자료
타일, 유성 매직, 접시, 물, 스펀지

놀이 자료의 구성
타일을 구하기 어려우면 타일 대신에 투명한 유리병 등을 이용하여 활동할 수 있다.

놀이 방법
① 유성 매직으로 타일을 탁탁 쳐서 소리를 내며 아이의 관심을 유발한다.
　"탁탁탁! 어디서 나는 소리일까요?"
　"이 네모난 것은 무엇일까요? 어디에서 본 적이 있을까?"
　"만져 볼까? 어떤 느낌이 들어요?"
　"그래, 이건 목욕탕에서 볼 수 있는 타일이라는 거예요. 이 타일로 무엇을 할 수 있을까?"
　"오늘은 타일 위에 그림을 그려 볼 거예요. 우리도 멋진 그림이 그려진 타일을 만들 수 있어요."
② 유성 매직으로 타일 위에 그림을 그린다.
　"어떤 그림을 그릴까?"
　"다른 색의 매직도 이용해서 그려 보자."
　"타일에 그림을 그려 보니 종이에 그릴 때와 느낌이 어떻게 다른가요?"
③ 물과 스펀지를 이용하여 그림을 지워 보기도 한다.
　"그림을 다시 그리고 싶으면 그림을 지우고 다시 그려도 돼요."
　"이 그림은 물로도 지워져요."
④ 완성된 타일 그림 몇 개를 연결하여 세워서 전시한다.
　"우리가 그려서 만든 타일을 전시해 보자."

⑤ 아이의 활동을 격려한다.

"우리가 직접 그려서 만든 타일이라서 그런지 다른 어떤 타일들보다도 훨씬 멋있는 것 같아요."

5) 집단놀이시간 「다 함께 모여요」

불어서 그리기

놀이 자료
빨대, 전지, 스포이트, 색물

놀이 자료의 구성
① 빨대는 구멍이 다소 큰 것을 10㎝ 정도로 잘라서 준비한다.
② 스포이트 대신에 작은 숟가락 등을 활용할 수도 있다.
③ 물감을 물에 타서 색물을 만들어 준비한다.
④ 아이들이 자유롭게 활동할 수 있도록 전지 3장을 연결하여 바닥에 붙여

듣다.

놀이 방법

① 전지를 중앙에 두고 엄마와 아이들이 둘러앉는다.

② 엄마와 아이들에게 빨대를 하나씩 나누어 주고 함께 빨대를 탐색한다.

"이 빨대로 무엇을 할 수 있을까요?"

"오늘은 이 빨대를 이용하여 그림을 그려 볼 거예요. 어떻게 빨대로 그림을 그릴 수 있을까?"

"빨대를 불어서 그림을 그릴 수도 있어요."

③ 종이 위에 색물을 약간 떨어뜨리고, 그 위에 빨대를 대고 불어 본다. 빨대를 부는 것에 따라 물감이 여러 가지 모양으로 퍼지는 것을 관찰하도록 돕는다.

"빨대로 색물을 부니까 색물이 여러 방향으로 움직이는구나."

"세게 불어 보자. 어떻게 되었어요?"

"살살 약하게 불면 어떻게 될까요?"

④ 여러 방향에서 다양한 색깔의 색물을 불어서 그린다.

"이번에는 노란색 물감을 이용하여 그려 볼까?"

"○○이가 노란색 물감을 불었더니, △△이가 분 파란색 물감과 만났네."

⑤ 어느 정도 활동이 진행되면, 함께 모여 만들어진 그림을 감상한다.

"불어서 그림을 그려 보니까 느낌이 어떤가요?"

"○○이는 이 그림이 꼭 사자의 갈기 같다고 하는구나."

"△△이의 느낌은 어떠니?"

"함께 불어서 그리니까 더욱 멋진 그림이 되었어요."

6) 부모교육시간「도란도란」

① 노래를 부르며 부모교육 자료를 엄마에게 전달한다.

> ♪ 편지 왔어요.
> 편지 왔어요. 편지 왔어요.
> ○○○, 편지 왔어요.

② 놀이에 참여한 경험에 대한 느낌과 부모교육 자료의 내용에 대해 이야기
나눈다.

"오늘은 아이들과 함께 다양한 자료들을 이용하여 만드는 창작놀이를 해
보았습니다. 가정에서 활용하여 만들 수 있는 자료들에는 어떤 것이 있
을까요? 휴지 속대, 빈 병들은 아이들이 창작놀이를 하는 데 더없이 좋
은 자료가 되기도 합니다. 다양한 자료를 활용하여 만들어 보는 경험은
아이들의 창의력 발달에도 도움이 되는 만큼 나누어 드리는 부모교육 자
료의 만들기 방법을 참고하셔서 아이와 함께 꼭 만들어 보시기 바랍니다."

③ 부모교육 자료는 뒤 장에 제시된 놀이 활동과 부모교육 자료를 활용한다.

▶ 놀이활동 자료: 피리 만들기. 지점토 유리병. 신문지 옷 만들기
▶ 부모교육 자료: 외출만 하면 떼쓰는 아이

7) 헤어짐의 인사시간「안녕! 또 만나요」

① 노래를 부르며 헤어질 시간임을 알린다.

> ♪ 안녕
> 안녕 안녕, 선생님. 안녕 안녕, 친구들.

다음 주에 만나 재밌게 놀자. 안녕 안녕 안녕.

② 아이들 각각과 인사한다.

"오늘도 잘 놀았어요."

"선생님과 인사하고 돌아가자."

"다음 주에도 건강한 모습으로 만나자."

10주 발달놀이 프로그램

놀이 유형: 사회성 운동놀이

놀이 주제: 차례차례

놀이 목표: 순서를 기다려서 활동할 수 있다.

눈과 손의 협응력을 기른다.

이동 능력의 발달을 돕는다.

1) **만남의 인사시간** 「하하 안녕」

(1) 전체 인사

① 교사와 아동, 엄마가 함께 모여 노래에 따라 인사를 한다.

② 노래를 모두 함께 부르며 만남의 즐거움을 표현한다.

♪ 전체 인사 노래

안녕하세요, 선생님. 안녕 안녕, 친구들.

재미있게 놀아요. 함께 놀아요. ○○○에서.

(2) 개별 인사

① 노래에 따라 아동 한 명씩 이름을 넣어 인사한다.

② 아동의 이름을 부를 때마다 아동을 가리킨다.

③ 아동이 엄마의 도움을 받아 다른 사람들에게 인사하도록 돕는다.

♪ 개별 인사 노래

○○○, ○○○ 어디 있나요?

여기 여기 안녕하세요.

2) **놀이주제 소개시간**「집단발달놀이 소개」

① 오늘의 집단발달놀이 주제에 대해 소개한다.
② 주제에 따른 놀이의 의의 및 효과에 대해 함께 소개한다.

"오늘 함께 놀이할 운동놀이는 사회성 운동놀이로 주제는 '차례차례'입니다. 사회성 운동놀이는 운동놀이를 함께 하면서 또래 및 타인과 상호 작용을 통해 사회성의 발달을 돕는 놀이입니다. 차례를 지킨다는 개념을 이해한다는 것은 아이들이 자기중심적으로 생각하는 것에서 탈피하여 다른 사람의 입장을 이해하고 배려하면서 가능해집니다. 그러나 25개월에서 36개월의 아이들은 기본적으로 자기중심적이기 때문에 다른 사람의 입장을 고려하고 이해하기 위해서는 어느 정도 습관적인 행동이 요구됩니다. 다른 사람과의 다양한 경험이 있고 이 경험 속에서 다양한 사회적인 행동을 습득했을 때 사회적인 행동이 가능해진다는 것입니다. 때문에 가정에서 혹은 다양한 사회적 장면을 통하여 사회적인 행동을 많이 해 보는 것이 필요합니다. 오늘의 놀이 활동들은 모두 차례를 지키며 놀이할 수 있도록 구성되었습니다. 준비된 놀이 활동을 통하여 아이들이 운동 능력의 발달뿐 아니라 사회적인 행위들을 학습할 수 있도록 도와주며 놀이해 보세요."

3) **노래 및 율동시간**「우리 모두 즐겁게」

♪ 오른발 왼발

① 아동들과 함께 본격적인 놀이 활동 전에 다음의 가사를 참고하여 율동을 한다.
② 아이들이 따라 할 수 있도록 교사가 동작을 크게 하여 율동을 한다.
③ 처음에는 교사의 음성에 따라 노래와 율동을 천천히 진행한다.

④ 음악 테이프를 틀어 놓고 율동을 한다.

⑤ 아동들의 노래 및 율동을 격려한다.

> 오른발 왼발
>
> 오른발 왼발 뛰어라
> 왼발 오른발 뛰어라
> 돌아서 돌아서 앉았다 일어나
> 돌아서 돌아서 앉았다 일어나
> 오른발 왼발 뛰어라
> 왼발 오른발 뛰어라
> 돌아서 돌아서 악수하세요
> 돌아서 돌아서 악수하세요

4) 개별놀이시간 「발달놀이 해요」

야구놀이

놀이 자료

헌 타이어 3개, 평균대, 원형 블록, 숫자 패드, 고깔, 스펀지 방망이, 공, 바구니

놀이 자료의 구성

① 종이테이프로 출발선을 표시한다.

② 출발선의 아래쪽에 원형 블록 3개를 나란히 놓는다. 원형 블록 위에는 숫자 패드를 두어 아이가 차례로 앉아서 기다리도록 한다.

③ 출발선의 양편으로 타이어 3개와 평균대를 놓는다.

④ 도착지점에 고깔을 놓는다.

⑤ 고깔의 위편에 스펀지 방망이와 공을 담은 바구니를 배치한다.

놀이 방법

① 놀이하는 방법을 시연한다.

② 출발선에서 타이어로 오른다. 타이어를 오르고 내려서 도착점의 고깔이 있는 곳으로 간다.

③ 고깔 위에 공을 올려놓고 스펀지 방망이를 이용하여 공을 쳐서 떨어뜨린다.

④ 다시 공을 올려놓고 평균대를 지나 돌아온다.

⑤ 원형 블록 위에 아이들이 차례로 앉아 있다가 순서를 기다리며 활동할 수 있도록 돕는다.

"앞 친구가 돌아온 다음에 차례로 놀이하도록 하자."

"○○이가 놀이를 열심히 하고 돌아왔어요. 우리 모두 함께 격려의 박수를 쳐 주자."

⑥ 아이들의 활동을 격려한다.

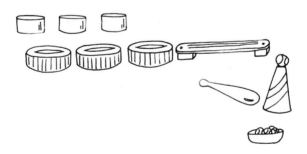

풍선 운반하기

놀이 자료

반 도넛 2개, 후프 5개, 후프 지지대, 작은 낙하산, 풍선, 끌차

놀이 자료의 구성

① 반 도넛 2개를 연결하여 원형 모양을 만든다.

② 후프는 지지대에 끼워 세우거나 바닥에 낮게 배치한다.

③ 작은 낙하산을 천정으로부터 늘어뜨리고 안에 풍선을 넣어 둔다.

④ 반 도넛, 후프, 작은 낙하산의 순서로 배치하고 다른 편으로 끌차를 배치한다.

놀이 방법

① 후프를 건너 지난다. 낮게 바닥에 배치된 후프는 폴짝폴짝 뛰어서 건너고, 세워 놓은 후프는 통과하며 지난다.

② 낙하산에서 풍선을 하나 꺼내어 끌차에 넣는다.

③ 풍선을 넣은 끌차를 밀며 반 도넛이 있는 곳까지 온다.

④ 반 도넛에 가지고 온 풍선을 넣는다.

⑤ 아이의 활동을 격려한다.

⑥ 다른 아이들과 차례로 놀이할 수 있도록 돕는다.

　"○○이가 밀었던 끌차를 △△이에게 주세요."

　"이번에는 △△이가 풍선을 날라 도넛 안에 넣어 보자."

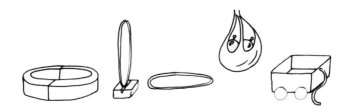

과녁 맞히기

놀이 자료

후프 4개, 삼각사다리 2개, 신문지, 콩 주머니, 볼풀공, 토끼와 당근 모양 자료

놀이 자료의 구성

① 색지를 이용하여 토끼와 당근 모양 자료를 만들어 코팅한다.

② 토끼 모양은 후프 안에 배치하고 당근 모양에는 볼풀공을 붙여 둔다.

③ 토끼 모양을 붙인 후프를 삼각사다리의 옆면에 종이테이프를 이용하여 붙인다.

④ 다른 하나의 후프에는 신문지를 팽팽하게 붙인다. 신문지의 중앙을 십자 모양으로 칼집을 낸다.

⑤ 신문지를 붙인 후프를 다른 삼각 사다리에 같은 방법으로 배치한다.

⑥ 토끼 모양 후프와 신문지 후프가 세팅된 삼각 사다리에서 2m 정도 떨어진 곳에 후프를 바닥에 두어 배치한다.

놀이 방법

① 바닥에 배치된 후프 안에서 콩 주머니를 신문지 후프를 향해 던진다.

"와! 퍽! 소리가 나며 신문지 안으로 콩 주머니가 들어갔어요."

② 다양한 포즈로 던져 보도록 돕는다.

"팔을 돌려서 슉! 던져 보자."

"야구선수처럼 공을 던져 볼까?"

③ 토끼 모양의 후프에 당근 모양을 붙인 콩 주머니를 던진다.

"토끼에서 먹이를 주세요."

④ 아이의 활동을 격려한다.

"○○이가 먹이를 주어서 토끼가 배부르겠다."

⑤ 다른 친구들과 함께 해 보도록 돕는다.

"친구도 토끼에게 당근을 주고 싶대요."

"이번에는 친구가 토끼에게 당근을 주도록 해 보자."

고리 던지기

놀이 자료

계단, 삼각대, 바구니, 고리, 고리 던지기 대, 숫자 매트

놀이 자료의 구성

① 계단에 삼각대를 연결한다.

② 삼각대가 끝나는 지점에 바구니를 놓고 그 안에 고리를 담아 놓는다.

③ 숫자매트를 배치한다. 숫자 매트가 없는 경우에는 바닥에 색 테이프를 이용하여 사방치기 판을 만든다.

놀이 방법

① 계단을 오른 후 삼각대를 따라 내려온다.

② 삼각대 아래에 배치된 바구니에서 고리를 들고 숫자 매트(사방치기 판)

위를 건넌다.

③ 숫자 10이 있는 곳까지 오면 고리를 던져 고리 던지기에 건다.

"10이 있는 곳까지 잘 왔어요. 여기에서 고리를 던져 걸어 보세요."

④ 아이의 활동을 격려한다.

"우리 ○○이가 사방치기 판을 건너와서 고리를 걸었어요. 다음에는 누가
해 볼까?"

"선생님을 따라와 보세요. 차례로 계단을 오르고 삼각대를 내려와 고리를
잡으세요. 두 발, 한 발로
사방치기 판을 지나서
고리를 던지세요."

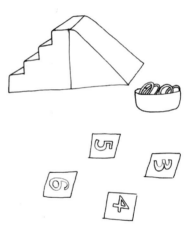

공 나르기

놀이 자료

삼각 사다리 2개, 징검사다리, 줄, 공

놀이 자료의 구성

① 삼각사다리 두 개의 사이에 징검사다리를 배치한다.

② 줄에 고리를 달고, 고리에 공을 매단다.

③ 공을 매단 줄을 삼각사다리의 제일 위 단에 연결한다.

놀이 방법

① 아이들이 차례로 삼각사다리를 오르고 내리도록 돕는다.

② 차례로 공을 반대편 삼각사다리까지 옮긴다.

③ 공을 다 옮기면 차례로 다시 삼각사다리를 오르고 내린다.

④ 아이들의 활동을 격려한다.

⑤ 반복하여 차례를 지켜 공을 옮겨 보도록 돕는다.

"칙칙폭폭 칙칙폭폭 기차놀이. 차례로 사다리를 오르고 차례로 공을 옮기
세요. 꼬리에 꼬리를 물고. 칙칙폭폭 기차가 되어서 공을 옮겨 보세요."

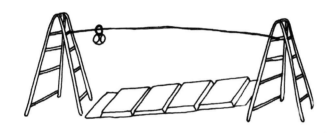

5) 집단놀이시간 「다 함께 모여요」

함께 나르기

놀이 자료

수건, 사각 블록, 평균대

놀이 자료의 구성

① 출발선을 표시한다.

② 출발선에서 7m 정도의 거리에 평균대를 배치한다.

놀이 방법

① 엄마와 아이가 짝을 짓는다.

② 두 팀으로 나눈다.

③ 각각의 팀에서 엄마와 아이가 나와 수건을 양쪽에서 맞잡고 수건 위에 사각 블록을 올린다.

④ 사각블록이 떨어지지 않도록 조심하면서 평균대까지 운반한다.

⑤ 평균대에 도달하면 사각블록을 올려놓고 엄마와 아이가 손을 잡고 뛰어 돌아온다.

⑥ 게임에 익숙해지면 아이들끼리 짝을 지어 활동해 보도록 돕는다.

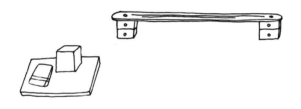

6) 부모교육시간 「도란도란」

① 노래를 부르며 부모교육 자료를 엄마에게 전달한다.

　　♪ 편지 왔어요.
　　편지 왔어요. 편지 왔어요.
　　○○○, 편지 왔어요.

② 놀이에 참여한 경험에 대한 느낌과 부모교육 자료의 내용에 대해 이야기
나눈다.

"오늘은 우리 아이들과 함께 사회성을 키우는 놀이들을 해 보았습니다.
오늘 함께 놀이한 느낌이 어떠셨는지요? 특별히 즐거웠던 놀이는 어떤
놀이였는지요? 가정에 돌아가셔서도 오늘의 놀이를 응용하여 보다 풍부
한 놀이로 아이들과 함께할 수 있는 시간이 많았으면 좋겠습니다."

③ 부모교육 자료는 뒤 장에 제시된 놀이 활동과 부모교육 자료를 활용한다.

▶ 놀이활동 자료: 공 넣기
▶ 부모교육 자료: 싸우면서 배운다.

7) 헤어짐의 인사시간 「안녕! 또 만나요」

① 노래를 부르며 헤어질 시간임을 알린다.

> ♪ 안녕
> 안녕 안녕, 선생님. 안녕 안녕, 친구들.
> 다음 주에 만나 재밌게 놀자. 안녕 안녕 안녕.

② 아이들 각각과 인사한다.
"오늘도 잘 놀았어요."
"선생님과 인사하고 돌아가자."
"다음 주에도 건강한 모습으로 만나자."

11주 집단발달놀이 프로그램

놀이 유형: 탐구인지놀이

놀이 주제: 즐거운 요리

놀이 목표: 다양한 음식 재료를 썰고 익히는 과정을 통해 물리적
변화와 화학적 변화에 대해 관심을 갖는다.
다양한 맛을 느끼고 음미한다.
음식의 조리 과정에 직접 참여함으로써 즐거움과 성취
감을 경험한다.

1) 만남의 인사시간 「하하 안녕」

(1) 전체 인사

① 교사와 아동, 엄마가 함께 모여 노래에 따라 인사를 한다.

② 노래를 모두 함께 부르며 만남의 즐거움을 표현한다.

> ♪ 전체 인사 노래
> 안녕하세요, 선생님. 안녕 안녕, 친구들.
> 재미있게 놀아요. 함께 놀아요. ○○○에서.

(2) 개별 인사

① 노래에 따라 아동 한 명씩 이름을 넣어 인사한다.

② 아동의 이름을 부를 때마다 아동을 가리킨다.

③ 아동이 엄마의 도움을 받아 다른 사람들에게 인사하도록 돕는다.

> ♪ 개별 인사 노래
> ○○○, ○○○ 어디 있나요?
> 여기 여기 안녕하세요.

2) 놀이주제 소개시간 「집단발달놀이 소개」

① 오늘의 집단발달놀이 주제에 대해 소개한다.
② 주제에 따른 놀이의 의의 및 효과에 대해 함께 소개한다.

"오늘은 아이들과 함께 즐거운 요리 활동을 해 보려고 합니다. 보통 가정에서는 복잡하고 위험하다는 이유로 아이를 요리에 직접 참여시키지 않는 경우가 많습니다. 그런데 요리 활동은 요리 활동 그 자체가 주는 즐거움도 있지만 훌륭한 교육적 경험이 될 수 있습니다. 재료를 썰고 모양을 내는 과정에서는 재료의 물리적인 변화를, 재료가 익으면서 색과 맛이 달라지는 과정에서는 화학적인 변화를 탐색할 수 있습니다. 이는 과학적 탐구의 기초가 될 수 있는 것이지요. 너무 위험하지 않은 요리 활동을 계획하고 직접 아이와 해 보는 것은 아이의 호기심과 즐거움을 충족시키는 동시에 사물에 대해 깊은 관심을 갖도록 하는 데 좋은 동기 유발이 됩니다. 요리 활동은 무작정 아이와 요리를 한다고 해서 교육적 경험이 되는 것은 아닙니다. 충분한 재료의 탐색, 무엇을 어떻게 만들 것인지에 대한 계획, 음식을 만드는 과정에서의 관찰과 탐색, 언어적 상호 작용, 만든 음식의 음미 등의 내용이 포함될 때 비로소 가치 있는 경험이 될 수 있습니다. 오늘 아이와 함께 준비된 요리 활동을 직접 해 보면서, 가정에서 아이와 함께 할 수 있는 요리와 그 요리과정에 대해 생각해 보세요. 즐겁고도 유익한 놀이 시간이 될 것입니다."

3) 노래 및 율동시간 「우리 모두 즐겁게」

♪ 맛있는 간식

① 가사에 따라 손뼉을 치며 노래를 부른다. '짝' 부분에서 손뼉을 치는데, '소리 없이 짝' 부분에서는 두 손을 살그머니 모은다.

② 노래가 끝난 후에는 '엄마 먼저 드세요', '선생님 먼저 드세요' 등의 말을
한다.

맛있는 간식
두 손 짝! 소리 없이 짝!
맛있는 간식 감사합니다. 잘 먹겠습니다.

4) 개별놀이시간 「발달놀이 해요」

샐러드 만들기

놀이 자료
요리 재료, 요리 도구, 요리표

놀이 자료의 구성
① 요리 재료는 다음과 같다.
  - 삶은 계란, 삶은 감자, 맛살, 오이, 소시지, 마요네즈
② 요리 재료는 재료에 따라 각각의 접
  시에 담아 놓는다.
③ 요리 도구는 다음과 같다.
  - 도마, 빵칼, 큰 그릇, 숟가락, 개인
  용 접시, 개인용 포크, 냅킨, 행주,
  앞치마(유아용, 성인용)
④ 요리표를 만든다. 요리표는 다음의 삽
  화를 참고하여 만든다.

놀이 방법

① 아이들과 요리 재료를 하나씩 탐색하며 이야기 나눈다. 노래를 부르면서
   재료를 소개할 수도 있고, 아이들이 재료를 직접 보고 맞추어 보도록 할
   수도 있다.

   "오늘은 어떤 재료들이 있을까요?"

   "♪오이 오이가 나왔어요. 길쭉한 오이가 천 원입니다. 내일은 못 사요.
   빨리 빨리 사 가세요. 내일은 못 사요. 다 떨어집니다."

   "이것은 무엇일까요? 우리 ○○이가 좋아하는 계란이구나."

   "우리가 살펴본 대로 여러 가지 음식 재료가 있네. 이 재료들로 어떤 요
   리를 만들 수 있을까요?"

② 아이들에게 요리표를 소개하며 요리의 순서를 알아 본다.

   "이 재료들로 만들 요리는 요리표에 씌어 있는 것처럼 샐러드예요."

   "샐러드는 어떤 순서로 만들까요? 제일 처음에는 재료를 썰고, 그 다음
   에는 마요네즈를 넣고 비벼요. 아하~ 이런 순서로 만드는구나."

   "우리가 직접 요리를 해 볼까? 먼저 재료들을 썰려면 무엇이 필요할까요?"

③ 아이들의 수만큼 도마와 칼을 나누어 준다. 준비된 재료를 하나씩 주어
   썰게 한 후 커다란 그릇에 담는다.

   "썰어 보자. 우리 입에 들어갈 수 있도록 작게 썰어 보자."

   "칼을 다룰 때에는 조심해서 다루어야 해요. 다칠 수도 있어요."

④ 재료가 담긴 그릇에 마요네즈를 넣는다. 아이들이 돌아가면서 차례로 마
   요네즈 튜브를 짜서 마요네즈를 넣어 볼 수 있도록 한다.

   "이번에는 요리표에 있는 대로 마요네즈를 넣을 차례예요. 자~ 이렇게
   조금씩, 마요네즈를 짜서 넣어 보자."

⑤ 숟가락을 이용하여 재료들을 버무린다. 아이들이 차례로 버무려 볼 수
   있도록 한다.

   "이제 섞어 주세요. 섞어서 맛있는 샐러드를 만들어 봐요."

⑥ 아이들의 활동을 격려한다. 코코아와 함께 먹을 수 있도록 잠시 옆으로
   비껴 둔다.

"와! 우리들이 재료를 썰고 마요네즈를 섞어서 맛있는 샐러드를 만들었
어요."

"이 샐러드는 조금 기다렸다가 이제부터 우리가 만들 코코아와 함께 먹
도록 해요."

코코아 타기

놀이 자료

요리 재료, 요리 도구, 요리표

놀이 자료의 구성

① 코코아 타기에 사용되는 요리 재료는 다음과 같다.

  - 코코아 분말, 우유

② 코코아 타기에 사용되는 요리 도구는 다음과 같다.

  - 숟가락, 컵

③ 요리표는 다음의 삽화를 참고하여 만든다.

놀이 방법

① 준비된 코코아 분말의 맛과 색깔을 보며 어떤 재료인지 탐색해 본다.

"이것은 무엇일까요? 먹을 수 있는 것인데"

"손으로 조금씩 찍어서 맛을 보자."

"달콤한 맛과 냄새가 나는 이것은 무엇일까요?"

"○○이는 코코아를 먹어 본 적이 있구나. 그래, 이 가루의 이름은 코코아예요."

"그런데 왜 오늘 코코아 가루를 준비했을까요?"

② 요리표를 소개하며 아이들과 함께 코코아 타는 방법을 알아 본다.

"오늘은 여러분들과 함께 맛있는 코코아를 타 볼 거예요. 그런데 코코아를 탈 때에도 순서가 있어요. 어떤 순서로 코코아 음료를 만드는지 이 요리표를 보며 알아보도록 해요."

③ 요리표의 순서대로 컵에 두 숟가락씩 코코아 분말을 넣고 우유를 넣은 후 숟가락으로 젓는다. 아이들이 코코아 가루가 우유에 녹는 것을 관찰하도록 돕는다.

"코코아 가루에 하얀 우유를 넣었더니 가루가 없어져 버렸네."

"하얀 우유색이 점점 갈색으로 변하는구나."

④ 아이의 활동을 격려한다. 이전에 만든 샐러드와 함께 먹기를 제안하며 자리를 정돈한다. "자 이제 우리가 맛있는 코코아 음료까지 준비했어요. 자리를 정돈하고 이전에 만든 샐러드와 함께 먹도록 해요."

5) 집단놀이시간 「다 함께 모여요」

맛있게 먹어요

놀이 자료
샐러드, 코코아, 포크, 냅킨

놀이 자료의 구성
아이들이 만든 샐러드를 각자의 접시에 담아 놓는다.

놀이 방법
① 아이들과 엄마는 앞치마를 벗어 정돈하고 책상을 중심으로 둘러앉는다.
② 아이들과 엄마에게 준비한 샐러드와 코코아를 건넨다.
   "우리들이 직접 만든 샐러드와 코코아가 여기 있어요."
   "우리가 먹을 수 있도록 각자의 자리 앞에 놓아 보자."
   "엄마에게도 우리가 만든 음식을 드리세요."
③ 놀이 시작 전에 부른 맛있는 간식 노래를 부르며 선생님과 엄마 먼저 드
   실 것을 권하도록 한다.
   "♪ 두 손 짝! 소리 없이 짝! 맛있는 간식 감사합니다. 잘 먹겠습니다."
   "엄마 먼저 드세요. 선생님 먼저 드세요."
④ 음식의 맛과 요리한 경험에 대해 이야기를 나누며 음식을 먹는다.
   "우리가 직접 만든 음식을 먹으니 기분이 어때요?"
   "맛은 어때요?"
⑤ 음식을 먹은 후, 냅킨으로 입을 닦고 먹은 도구들을 정돈하도록 한다.
   "맛있게 잘 먹었습니다. 이제 먹은 것들을 이 바구니에 넣어 정리하도록
   하자."
⑥ 아이의 활동을 격려한다.

"오늘 우리 친구들이 샐러드와 코코아를 열심히 만들고 맛있게 먹었어요."
"먹은 후에는 정리정돈도 잘했어요."
"집에서도 간단한 요리를 엄마와 함께 만들어 보세요."

6) **부모교육시간「도란도란」**

① 노래를 부르며 부모교육 자료를 엄마에게 전달한다.

> ♪ 편지 왔어요.
> 편지 왔어요. 편지 왔어요.
> ○○○, 편지 왔어요.

② 놀이에 참여한 경험에 대한 느낌과 부모교육 자료의 내용에 대해 이야기
나눈다.

"오늘은 아이들과 함께 요리 활동을 해 보았습니다. 간단한 요리 활동은
아이들이 음식에 대해 관심을 갖게 하는 계기도 되지만, 오감을 활용하
여 음식 자료들을 다루어 보는 경험을 제공하기 때문에 과학적 능력의
토대가 됩니다. 교육적 경험을 들지 않더라도 요리 활동은 그 자체로 아
이들에게 신나는 일이기 때문에 아이들의 정서의 발달에도 도움이 됩니

다. 가정에 돌아가셔서도 간단한 요리 활동에는 아이들을 참여시켜 보십시오. 빵칼과 같이 안전한 도구를 활용하여 아이들이 직접 썰어 보고 숟가락과 국자를 이용하여 재료들을 섞어 보도록 해 보세요. 부모교육 자료에 아이들과 함께 할 수 있는 간단한 요리 활동을 소개하였습니다. 더 좋은 아이디어가 있으면 이 자리에서 아이디어를 공유하는 것도 좋겠습니다."

③ 부모교육 자료는 뒤 장에 제시된 놀이 활동과 부모교육 자료를 활용한다.

▶ 놀이활동 자료: 과일화채. 감자 삶기.
▶ 부모교육 자료: 자립심을 키워 주려면?

7) 헤어짐의 인사시간 「안녕! 또 만나요」

① 노래를 부르며 헤어질 시간임을 알린다.

> ♪ 안녕
> 안녕 안녕, 선생님. 안녕 안녕, 친구들.
> 다음 주에 만나 재밌게 놀자. 안녕 안녕 안녕.

② 아이들 각각과 인사한다.
"오늘도 잘 놀았어요."
"선생님과 인사하고 돌아가자."
"다음 주에도 건강한 모습으로 만나자."

12주 발달놀이 프로그램

놀이 유형: 창조적 운동놀이

놀이 주제: 신나게 놀아요

놀이 목표: 신체의 협응력을 기른다.

　　　　　다리의 근력과 민첩성을 기른다.

1) 만남의 인사시간 「하하 안녕」

(1) 전체 인사

　① 교사와 아동, 엄마가 함께 모여 노래에 따라 인사를 한다.

　② 노래를 모두 함께 부르며 만남의 즐거움을 표현한다.

　　♪ 전체 인사 노래

　　안녕하세요, 선생님. 안녕 안녕, 친구들.

　　재미있게 놀아요. 함께 놀아요. ○○○에서.

(2) 개별 인사

　① 노래에 따라 아동 한 명씩 이름을 넣어 인사한다.

　② 아동의 이름을 부를 때마다 아동을 가리킨다.

　③ 아동이 엄마의 도움을 받아 다른 사람들에게 인사하도록 돕는다.

　　♪ 개별 인사 노래

　　○○○, ○○○ 어디 있나요?

　　여기 여기 안녕하세요.

2) 놀이주제 소개시간 「집단발달놀이 소개」

① 오늘의 집단발달놀이 주제에 대해 소개한다.
② 주제에 따른 놀이의 의의 및 효과에 대해 함께 소개한다.

"오늘은 엄마랑 발달놀이 프로그램의 한 학기가 끝나는 12주째입니다. 오늘의 운동놀이 활동은 한 학기 동안 경험했던 운동놀이 활동을 새로운 형태로 변형하여 활동할 수 있도록 준비하였습니다. 사다리 터널 놀이를 통해서는 협응력과 균형 감각을, 철봉놀이를 통해서는 팔의 힘을 강화하는 근력을, 옆으로 걷기에서는 근력과 몸의 협응력을, 구르고 과자 따기에서는 몸의 유연성을, 바통 넣기에서는 규칙과 차례를 지켜 놀이하는 사회성을 기를 수 있습니다. 한 학기 동안 어떤 놀이들을 했는지, 그리고 이 놀이들을 가정에서 연계하여 어떻게 놀이할 수 있으며 그 놀이 효과는 어떠한지에 대해 생각하고 놀이해 보면서 오늘도 즐거운 한 시간이 되기를 바랍니다."

3) 노래 및 율동시간 「우리 모두 즐겁게」

♪ 우리 같이 춤춰요

① 엄마와 아이가 서로 짝이 되어 마주 보고 서도록 한다.
② 가사에 따라 엄마와 아이가 서로 마주 보고 춤을 춘다.
③ 교사가 동작을 크게 하여 춤을 추며 엄마를 격려하고 아이가 따라 하도록 한다.
④ 음악 테이프를 틀어 놓고 율동을 한다.
⑤ 엄마와 아이들의 노래 및 율동을 격려한다.

우리 같이 춤춰요
우리 서로 마주 보며
이렇게 이렇게 춤을 춰요
우리 서로 마주 보며
이렇게 이렇게 춤을 춰요

4) 개별놀이시간「발달놀이 해요」

사다리 터널놀이

놀이 자료
공기통나무, 반 도넛, 삼각사다리 2개

놀이 자료의 구성
① 삼각사다리 한 개의 안쪽에 공기통나무를 끼운다.
② 공기통나무의 끝에 반 도넛을 연결한다.
③ ②가 끝나는 곳에 삼각사다리를 세운다.

놀이 방법
① 공기통나무 위를 오르도록 돕는다.
   "통통통. 공기통나무 위로 올라가 보자. 엄마가 올라가는 것을 도와줄게."
② 공기통나무 위를 기어서 지나간다. 삼각사다리가 있는 곳에서는 몸을 더욱
   굽혀 지나갈 수 있도록 돕는다.
   "사다리 터널이 있어요. 이곳을 지나려면 몸을 어떻게 해야 할까요?"
   "몸을 구부리고 이 안을 지나보자."
③ 공기통나무에 연결된 반 도넛 위를 지나 사다리를 넘어 내려온다.

④ 아이의 활동을 격려한다.

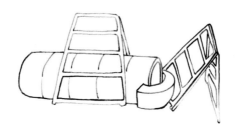

철봉 놀이

놀이 자료

줄, 긴 막대, 평균대, 뜀틀, 삼각미끄럼

놀이 자료의 구성

① 평균대를 놓고 평균대가 끝나는 지점에 뜀틀을 놓는다.

② ①에서 1m 정도 떨어진 곳에 삼각미끄럼을 배치한다.

③ 뜀틀과 삼각미끄럼 사이로 줄을 늘어뜨려 긴 나무 막대를 매단다. 이때 나무 막대의 높이는 아이가 손을 뻗쳐 잡을 수 있는 높이에 배치한다.

놀이 방법

① 평균대 위를 지나 뜀틀 위로 올라선다.

 "○○이가 평균대를 건너요. 옆으로 건널 수도 있지만, 앞으로도 건너 보자."

② 뜀틀 위에 올라서서 나무 막대를 잡는다.

③ 막대를 잡고 균형 잡아 매달린 후 몸의 위치를 바꾸어 삼각미끄럼을 타고 내려온다.

④ 아이의 활동을 격려한다.

"우리 ○○이가 매달리기를 참 잘하는구나."

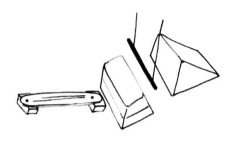

구르고 과자 따기

놀이 자료

징검다리 매트, 삼각 사다리, 줄, 빨래집게, 과자

놀이 자료의 구성

① 징검다리매트의 끝 부분을 겹친 후 바닥에 깐다.

② 징검다리매트에서 2m 정도 떨어진 곳에 삼각사다리를 배치한다.

③ 삼각사다리 위쪽 천장으로부터 빨래집게를 매단 줄을 내려뜨려 과자를 달아 놓는다.

놀이 방법

① 징검다리매트 위를 옆으로 구른다.

"데굴데굴 굴러 보자."

"징검다리 매트 위에 누우면 엄마가 옆으로 굴러갈 수 있도록 도와줄게."

"이번에는 ○○이 혼자 굴러 보자."

② 징검다리매트를 구른 후에 삼각사다리를 오른다.

③ 삼각사다리의 꼭대기에 이르러서 줄에 달린 과자를 딴다.

④ 아이의 활동을 격려한다.

　"○○이가 따 온 과자를 먹어 보자. 맛이 어떠니?"

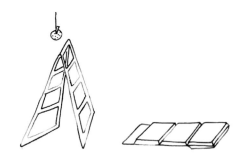

옆으로 걷기

놀이 자료

적목, 평균대

놀이 자료의 구성

① 적목을 30㎝ 간격으로 배치한다.

② 적목을 배치한 옆으로 평균대를 배치한다.

놀이 방법

① 엄마가 아이의 발을 들어서 잡아 준다. 아이는 손을 바닥에 대고 게처럼 옆으로 걷는다.

　"게처럼 옆으로 옆으로 걸어 보자."

② 손바닥을 적목 위에 대고 적목 위로 손을 옮겨 가며 움직여 본다.

③ 익숙해지면 발을 평균대 위에 놓고 손은 적목 위에 두고 움직인다.
④ 아이의 활동을 격려한다.
  "우리 ○○이가 두 손으로도 걸을 수 있어요."

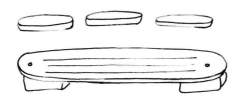

5) 집단놀이시간 「다 함께 모여요」

바통 넘기

놀이 자료
바통(두 가지 색), 원형 블록, 사각매트, 줄, 바구니

놀이 자료의 구성
① 사각매트의 양편에 원형 블록을 각각 3개씩 쌓아 놓는다.
② 사각매트의 위쪽 천정으로부터 줄을 늘어뜨려 바구니를 매단다.

놀이 방법
① 팀을 나눈다.
② 팀에 따라 색깔이 다른 바통을 하나씩 나누어 준다.

③ 엄마와 바통을 든 아이가 손을 잡고 출발선에 선다.

④ 교사가 호루라기를 불면 엄마가 아이를 업고 원형 블록 있는 곳까지 간다.

⑤ 원형 블록이 있는 곳에 이르면 아이를 내려 준 뒤, 아이가 원형 블록과
   사각매트 위를 차례로 올라 바구니에 바통을 넣도록 한다.

⑥ 바통을 넣은 후에 사각 매트 위에서 두 발 모아 뛰어내린다.

⑦ 다시 엄마와 손을 잡고 출발선까지 뛰어 돌아온다.

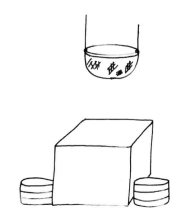

6) 부모교육시간 「도란도란」

① 노래를 부르며 부모교육 자료를 엄마에게 전달한다.

   ♪ 편지 왔어요.
   편지 왔어요. 편지 왔어요.
   ○○○, 편지 왔어요.

② 놀이에 참여한 경험에 대한 느낌과 부모교육 자료의 내용에 대해 이야기
   나눈다.

"오늘은 우리 아이들과 함께 한 학기를 정리하며 놀이한 경험이 어떠셨
는지요? 아이의 근력을 키우면서도 엄마와 아빠와 함께 해 볼 수 있는
놀이는 어떤 놀이가 있을까요?"

③ 부모교육 자료는 뒤 장에 제시된 놀이 활동과 부모교육 자료를 활용한다.

▶ 놀이활동 자료: 굴속의 곰. 신문지 리본 놀이.
▶ 부모교육 자료: 친구와 어울릴 수 있는 기회를 주세요.

7) 헤어짐의 인사시간 「안녕! 또 만나요」

① 노래를 부르며 헤어질 시간임을 알린다.

　　　　♪ 안녕
　　　　안녕 안녕, 선생님. 안녕 안녕, 친구들.
　　　　다음 주에 만나 재밌게 놀자. 안녕 안녕 안녕.

② 아이들 각각과 인사한다.
　"오늘도 잘 놀았어요."
　"선생님과 인사하고 돌아가자."
　"다음 주에도 건강한 모습으로 만나자."

2. 25개월에서 36개월 아동과 함께 하는 놀이활동 자료

뚜껑 여닫기

놀이 자료

뚜껑이 있는 여러 가지 모양의 플라스틱 용기, 방울

놀이 방법

① 준비된 자료를 탐색한다.

　"딸랑딸랑. 소리가 나는 방울이 있네."

　"여기에는 병도 있어. 그런데 뚜껑이 닫혀 있네."

② 병의 뚜껑을 열어 본다.

　"○○이가 열어 볼까?"

　"잘 안 열리는 것은 엄마가 도와줄게."

③ 병 안에 방울을 넣고 뚜껑을 닫는다.

④ 방울을 넣은 병을 흔들어 본다. 병을 흔들면서 간단한 노래를 불러 본다.

　"♪ 곰 세 마리가 한집에 있어~"

⑤ 방울 외에 쌀이나 콩을 넣어 볼 수도 있다.

놀이효과

뚜껑을 여닫는 활동을 통해 소근육 발달을 돕는다.

눈과 손의 협응력을 기른다.

찢어 꾸미기

놀이 자료
색종이, 풀, 도화지

놀이 방법
① 아이와 함께 색종이를 탐색한다.
  "빨강, 파랑, 노랑. 여러 가지 색의 색종이가 있네."
  "색종이를 날려 보자."
② 색종이를 찢어 본다.
  "엄마와 이 색종이를 찢어 보자."
  "길게 찢어 보자."
  "아주 작게도 찢어 보자."
③ 찢어 놓은 색종이를 도화지에 붙인다.
④ 색종이를 찢어 붙인 도화지에 물감이나 크레파스 등을 이용하여 더 꾸며
  볼 수 있다.
⑤ 아이의 활동을 격려한다.
  "색종이를 찢어 붙여 멋진 작품을 만들었구나."

놀이효과
소근육 발달을 돕는다.
자신이 만든 작품을 통해 성취감을 맛본다.

손톱깎이를 사용해 봐요

놀이 자료
손톱깎이, 손톱이 그려진 손바닥 그림본

놀이 방법
① 손바닥 그림본을 아이에게 제시한다.
  "여기에 ○○이 손하고 닮은 손이 있네."
② 손톱깎이를 이용하여 손톱을 잘라 본다.
  "이 손톱이 매우 기네. 엄마와 함께 손톱을 잘라 줄까?"
  "무엇으로 자를까?"
  "여기 있는 손톱깎이로 잘라 보자."
③ 아이 혼자 잘라 보도록 격려한다.
  "엄마가 종이 손을 잡아 줄게. ○○이가 혼자 잘라 보자."
④ 안전에 유의한다.

놀이효과
소근육 발달을 돕는다.
여러 가지 도구를 안전한 방법으로 사용하는 법을 익힌다.

자연물 찍기

놀이 자료
나뭇잎, 솔방울, 돌멩이, 물감, 붓, 도화지

놀이 방법
① 아이와 함께 자연물을 수집한다.
  "엄마와 찍기놀이 할 나뭇잎 주우러 갈까?"
② 수집한 자연물들을 탐색한다.
  "나뭇잎들도 모양이 여러 가지로구나."
  "이 나뭇잎은 길쭉하게 생겼네."
③ 자연물에 붓으로 물감을 묻힌 후 도화지에 찍는다.
  "이 돌멩이를 찍으면 어떤 모양이 나올까?"
  "돌멩이에 물감을 묻혀서 찍어 보자."
④ 아이의 활동을 격려하며 찍어서 나타난 무늬를 살펴본다.
  "찍었더니 어떤 모양이 나왔니?"
  "물감을 더 묻혀서 찍어 볼까?"
  "또 어떤 것에 물감을 묻혀서 찍어 볼까?"

놀이효과
행위의 원인과 결과를 경험한다.
다양한 자료를 이용하여 놀이하는 과정에서 창의력을 기른다.
작품을 자세히 관찰하는 과정에서 심미감을 기른다.

구계서 찍기

놀이 자료

쿠킹호일, 물감, 붓, 종이, 크레파스, 사인펜

놀이 방법

① 쿠킹호일을 자유롭게 구겨 본다.

　"엄마랑 이 쿠킹호일을 구겨 보자."

　"○○이가 구긴 쿠킹 호일이 동그랗게 되었네. 다른 모양으로도 만들어 볼까?"

② 진하게 탄 물감을 붓에 묻혀 쿠킹호일에 바른다.

　"우리가 만든 모양 쿠킹호일에 물감을 묻혀 보자."

③ 물감을 묻힌 쿠킹호일을 종이에 찍어 본다.

　"쿠킹호일을 찍어 보자. 어떤 모양이 찍혔니?"

　"○○이가 생각하기에는 이 모양이 무슨 모양처럼 보이니?"

④ 찍은 모양 위에 크레파스와 사인펜으로 그림을 그려 넣어 완성한다.

놀이효과

행위의 원인과 결과를 인식한다.

소근육 발달을 돕는다.

어떤 모양이 찍혔는지 이야기해 보는 과정에서 상상력을 기른다.

빨래 널기

놀이 자료

줄, 빨래집게, 옷 모양 본(혹은 인형 옷)

놀이 방법

① 의자 사이에 줄을 매단다.

② 빨래를 널어 보자고 제안하며 빨래집게에 하나씩 옷을 넣어 보도록 돕는다.

   "여기에 빨래를 널어 주어야겠는걸."

   "빨래집게 하나에 옷은 하나씩 걸어 주자."

③ 아이의 활동을 격려한다.

   "우리 ○○이가 도와주어서 빨래를 다 널었어요."

   "우리 ○○이가 한 개에 하나씩 널었어요."

놀이효과

소근육 발달을 돕는다.

1:1 대응개념을 익힌다.

그림자놀이

놀이 자료

종이, 여러 가지 사물(숟가락, 포크, 연필, 지우개, 컵 등)

놀이 방법

① 종이에 사물을 대고 그려 사물의 본을 만든다.

② 사물의 본을 색칠한다.

③ 아이와 함께 종이에 그려진 사물의 본을 관찰한다.

　"이것은 무엇 같니?"

　"모양이 어떻게 다르니?"

④ 사물의 본 위에 사물을 올려 보도록 돕는다.

　"같은 모양을 찾아 올려 보자."

⑤ 아이의 활동을 격려한다.

　"○○이가 숟가락을 잘 찾아서 올려놓았구나."

　"○○이가 그림자 찾기도 잘하네."

놀이효과

그림자와 사물을 짝짓기 할 수 있다.

사영기하를 익힌다.

관찰력을 기른다.

거울놀이

놀이 자료

공 2개

놀이 방법

① 상상하여 표현해 보기를 유도한다.

"엄마와 함께 흉내쟁이가 되어 보자."

"엄마가 공을 위로 올렸네. ○○이는 어떻게 할까?"

② 엄마의 모습을 따라 해 보도록 돕는다.

"엄마는 엉덩이를 씰룩씰룩. 따라 해 보세요."

③ 아이의 모습을 엄마가 따라 해 본다.

"이번에는 ○○이가 움직여 볼까?"

④ 아이의 창의적인 표현을 격려한다.

"○○이가 이렇게 움직이니 참 재미있구나."

놀이효과

다양한 표현 활동을 통해 상상력과 창의력을 기른다.

동물 춤추기

놀이 자료
음악테이프(생상-동물의 사육제)

놀이 방법
① 아이와 함께 여러 가지 동물의 움직임을 몸으로 표현해 본다.
  "코끼리는 어떻게 움직일까? 코끼리처럼 걸어 보자."
② 음악을 들려 준다.
  "엄마가 들려 줄 음악은 여러 가지 동물의 움직임을 음악으로 나타낸 것
  이란다."
③ 음악에 따라 몸을 움직여 본다.
  "백조가 물 위를 지나고 있어요. 어떻게 움직일까?"
④ 동물에 따라 정확하게 움직이기보다는 음악의 빠르기와 느리기를 느끼며
  그에 따라 자유롭게 움직여 보도록 돕는다.
⑤ 아이의 활동을 격려한다.
  "우리 ○○이가 음악에 맞추어 몸을 잘 움직이는구나."

놀이효과
동물의 움직임을 흉내 내어 보는 경험을 통해 상상력의 기초를 기른다.
몸의 협응력을 기른다.

자동차놀이

놀이 자료

의자, 작은 후프(혹은 가벼운 냄비 뚜껑)

놀이 방법

① 엄마가 의자에 앉은 후 무릎에 아이를 앉힌다.

　"엄마랑 자동차놀이 해 보자."

② 작은 후프나 가벼운 냄비 뚜껑을 활용하여 핸들로 사용한다.

　"자 핸들을 잡고 출발하세요."

③ 엄마가 아이의 몸을 잡고 좌우로 움직이며 아이가 운전하는 느낌이 들도록 도와준다.

　"자, 오른 쪽으로 가세요."

　"차들이 많아요. 천천히 가세요."

　"언덕이 있네. 부릉부릉. 더 힘을 내세요."

　"끼이이익! 멈추세요."

놀이효과

엄마와 아이의 애착 형성을 돕는다.

자동차를 운전해 보는 과정을 통해 상상력을 기른다.

피리 만들기

놀이 자료
쿠킹호일 속대, 고무줄, 은박지, 송곳, 가위

놀이 방법
① 다음의 과정을 참고하여 아이와 함께 피리를 만든다.
　−은박지를 쿠킹호일 속대의 둥근면보다 크게 자른다.
　−은박지로 쿠킹호일 속대의 한편을 감싸고 고무줄로 동여맨다.
　−송곳으로 쿠킹호일 속대를 2−3㎝ 간격으로 구멍을 낸다.
② 만들어진 피리에 입을 대고 아이와 함께 불어 본다.
③ 만든 피리에 색종이나 컬러시트와 같은 다양한 자료를 붙여 꾸며 본다.

놀이효과
소근육 발달을 돕는다.
다양한 재료를 사용하여 만들어 보는 과정에서 창의력을 기른다.
스스로 만든 작품에 성취감을 느낀다.

7. 지점토 유리병

놀이 자료

지점토, 유리병, 물감, 붓

놀이 방법

① 지점토를 탐색한다.

"말랑말랑한 이것은 무엇일까요?"

"그래, 지점토라고 하는 거예요."

"만져보자. 주물럭주물럭. 여러 가지 모양을 만들어 보자."

② 지점토를 유리병에 붙인다.

"지점토를 유리병에 붙여 보자. ○○이가 잘 붙이네."

③ 유리병에 붙은 지점토에 붓으로 물감을 칠한다. 여러 가지 색으로 칠해 보도록 돕는다.

"어떤 색으로 칠할까?"

"이번에는 이 색으로 칠해 볼까?"

④ 아이의 활동을 격려한다. 만든 작품을 그늘에 두어 말린다.

놀이효과

소근육 발달을 돕는다.

다양한 자료를 활용하여 만들어 보는 경험을 통해 창의력을 기른다.

다양한 색으로 칠해 만든 작품을 감상하는 경험을 통해 심미감을 기른다.

신문지 옷 만들기

놀이 자료

신문지, 테이프, 가위, 크레파스, 색종이, 풀

놀이 방법

① 신문지를 반으로 접어 머리가 들어갈 정도의 구멍을 오려 낸다.

② 신문지에 아이와 함께 크레파스로 그림을 그려 넣거나 색종이를 오려 붙인다.

③ 만든 옷을 입어 본다.

　"우리가 만든 옷을 입어 보자. 와! 멋있다."

④ 엄마와 아이가 옷을 함께 입고 음악에 맞추어 춤을 추어 보거나 패션쇼를 한다.

　"멋진 옷을 입고 엄마를 따라 걸어 보세요. 하나! 둘! 셋!"

⑤ 신문지를 덧대어 여러 가지 형태의 옷을 만들어 볼 수 있다.

　"신문지로 다른 옷도 만들어 볼까?"

놀이효과

다양한 자료를 이용하여 만드는 과정에서 창의력을 기른다.

여러 가지 유형의 옷을 상상하여 만드는 과정에서 상상력을 기른다.

과일 화채

놀이 자료

과일, 도마, 빵 칼, 그릇, 오렌지 주스

놀이 방법

① 과일을 탐색한다.

　"수박, 수박이 나왔어요. 달콤한 수박입니다."

　"사과, 사과가 나왔어요. 새콤한 사과가 아주 맛있어요."

② 준비된 과일을 도마 위에 놓고 빵칼로 자른다.

　"엄마와 함께 과일들을 잘라 보자."

　"우리 ○○이가 잘 자르는구나."

③ 자른 과일들을 그릇에 담는다.

④ 오렌지 주스를 넣는다.

　"오렌지 주스를 넣어 과일 화채를 만들었어요."

⑤ 만든 요리의 맛을 본다. 요리를 해 본 느낌을 나누어 본다.

　"엄마가 해 준 음식을 먹었을 때와 ○○이가 직접 만든 요리를 먹어 보니 기분이 어떠니?"

　"○○이가 만든 과일화채가 정말 맛있구나."

　"사과를 그냥 잘라서 먹을 때와 화채를 만들어서 먹을 때의 맛이 어떠니?"

놀이효과

사물의 물리적 변화에 관심을 갖는다.

요리 활동을 즐긴다.

감자 삶기

놀이 자료
감자, 물, 냄비, 불

놀이 방법
① 감자를 탐색하며 씻는다.
　"울퉁불퉁하고 딱딱한 감자를 씻어 보자."
② 엄마가 적당한 크기로 감자를 자른다.
　"감자가 빨리 익으라고 엄마가 감자를 자를게."
③ 자른 감자를 냄비에 담고 물을 부어 삶는다.
④ 익은 감자를 꺼내어 그릇에 담는다.
⑤ 맛을 보고 느낌을 이야기 나누어 본다.
　"우리가 함께 삶은 감자 맛이 어떠니?"
　"씻을 때는 딱딱했던 감자가 어떻게 되었니?"
　"어떻게 해서 감자가 부드럽게 되었을까?"

놀이효과
사물의 물리적, 화학적 변화에 관심을 갖는다.
요리 활동을 즐긴다.

옆으로 옆으로

놀이 자료
신문지, 테이프

놀이 방법
① 신문지를 옆으로 돌돌 말아 테이프로 고정시켜 신문지 봉을 여러 개 만든다.
② 신문지 봉을 간격을 두어 늘어놓는다.
③ 아이와 함께 신문지 봉을 옆으로 건넌다.
④ 두 발을 모아 뛰어 볼 수도 있다.

놀이효과
걷기를 통해 근력을 기른다.
옆으로 걷기를 통해 균형 감각을 기른다.

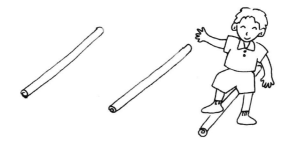

손수건 낙하산

놀이 자료
손수건 혹은 스카프, 경쾌한 음악

놀이 방법
① 손수건을 던져서 내려오는 모습을 아이와 함께 탐색한다.
"손수건이 팔랑팔랑 내려오는 모습을 보자."
② 손수건이 내려오는 모습을 몸으로 표현해 본다.
"손수건이 이렇게 내려오는 것 같아. 흔들흔들."
③ 엄마가 손수건을 던지고 손수건이 땅에 닿기 전에 아이가 잡아 본다.
"엄마가 손수건을 던질 테니, ○○이가 잡아 보자."
④ 엄마와 아이가 역할을 바꾸어 놀이해 본다.
"이번에는 ○○이가 던져 볼래? 엄마가 잡아 볼게."

놀이 효과
물건의 움직임을 몸으로 표현해 보는 활동을 통해 창의성을 기른다.
떨어지는 손수건을 잡아 보는 활동을 통해 눈과 손의 협응력을 기른다.
민첩성을 기른다.

풍선 피하기

놀이 자료
풍선, 줄

놀이 방법
① 풍선을 불어 달아 높은 곳에 달아 늘어뜨려 놓는다.
② 풍선을 아이가 있는 곳으로 친다.
③ 아이가 풍선을 피해 몸을 움직여 보도록 돕는다.
  "풍선을 피해 보세요. 슈욱!"
④ 엄마와 서로 마주 보고 풍선 치기 놀이를 할 수 있다.

놀이효과
풍선을 피하는 활동을 통해 민첩성을 기른다.
다양한 자료로 놀이를 즐긴다.

인형 옮기기

놀이 자료
인형

놀이 방법
① 아이들 두세 명이 동그랗게 모여 앉도록 한다.
② 흥겨우면서도 간단한 노래를 부른다.
③ 노래를 부르면서 옆 사람에게 인형을 전달한다.
④ 노래가 끝날 때, 인형을 갖게 된 아이가 인형을 꼭 안는다.
⑤ 인형 대신 공으로 대체하여 놀이할 수 있다.

놀이효과
여럿이 함께 하는 놀이를 통해 사회성을 기른다.
박자에 맞추어 몸을 움직일 수 있다.

공 넘기

놀이 자료
바구니, 작은 공

놀이 방법
① 엄마와 아이가 공을 주고받으며 놀이한다.
② 바구니를 일정 거리 밖에 두고 공을 던져 바구니에 공을 던져 넣는다.
③ 엄마가 바구니를 들고 서 있고 아이가 뛰어서 공을 바구니에 던져 넣는다.
④ 엄마와 아이가 역할을 바꾸어 아이가 바구니를 들고 있으면 엄마가 던져
  넣는 식으로 놀이해 본다.

놀이효과
팔다리의 근력을 기른다.
목표물에 공을 넣는 활동을 통하여 신체의 협응력을 기른다.

팔의 힘으로 걸어 보자

놀이 자료
없음

놀이 방법
① 아이가 엎드린다.
② 엄마가 아이의 다리와 양발을 들어 올린다.
③ 아이가 몸을 들어 팔로 걸어 볼 수 있도록 엄마는 아이의 발을 약간 앞으로 밀어 준다.
④ 목표물을 정하고 목표물까지 팔로 걸어 보도록 돕는다.
⑤ 아이의 활동을 격려한다.
   "우리 ○○이가 팔만으로도 잘 걷는구나."

놀이효과
팔의 근력을 기른다.
몸의 균형을 잡아 움직일 수 있다.

신문지 공 뱅뱅이

놀이 자료

신문지, 테이프, 고무줄

놀이 방법

① 신문지를 여러 장 뭉쳐서 공 모양을 만든 후 테이프로 감싼다.

② ①에 고무줄을 연결한다.

③ 고무줄을 잡고 신문지 공을 뱅뱅 돌린다.

④ 아이가 신문지 공을 돌리면, 가족들은 공을 피해 움직인다.

⑤ 역할을 바꾸어 놀이해 본다.

놀이효과

다양한 자료를 이용하여 신체 놀이를 즐긴다.

공 피하기 놀이를 통해 민첩성을 기른다.

굴속의 곰

놀이 자료
음악 테이프

놀이 방법
① 가족들이 모여 앉아 노래를 들으며 몸을 움직여 본다.
② 곰의 역할을 할 사람을 정한다.
③ 다음의 노래를 부른다. '모두 잡아먹는다.' 부분에서 곰이 잡으러 나오고
   다른 사람들은 곰에게 잡히지 않도록 피한다.

> ♪ 굴속의 곰
> 커다란 곰 한 마리 커다란 곰 한 마리 굴속에서
> 잠자고 있어요. 쿨쿨 잠꼬대도 하네요. 중얼중얼
> 잠을 깨고 일어나 커다란 입 벌리고 모두 잡아먹는다.

④ 잡힌 사람이 곰이 되어 노래를 부르며 잡기 놀이를 한다.

놀이효과
노래를 즐긴다.
가족과 함께 하는 놀이를 통해 사회성을 기른다.
신호에 따라 움직이는 놀이를 통해 집중력과 민첩성을 기른다.

서로 닿아요.

놀이 자료

없음

놀이 방법

① 엄마와 아이가 함께 앉아서 신체의 각 부분을 짚어 보며 각각의 명칭을 알아 본다.

② 신체의 여러 부분들을 움직여 본다. 엄마가 시범을 보이며 함께 한다.

  "팔목을 움직여 보세요."

  "무릎을 돌려 보세요."

③ 신체를 움직여 닿을 수 있는 부분들을 생각해 보고 각 부분들이 닿도록 해 본다.

  "우리 몸의 어느 부분들이 서로 닿을 수 있을까?"

④ 아이가 다양하게 신체를 구부려 보도록 돕는다.

  "턱과 가슴이 닿아요."

  "손과 발가락이 닿아요."

  "팔꿈치와 무릎이 닿아요."

  "귀와 어깨가 닿아요."

놀이효과

몸의 여러 부분을 구부려 닿게 하는 활동을 통하여 유연성을 기른다.

신체 각 부분의 명칭을 알 수 있다.

지시에 따라 몸을 움직일 수 있다.

색깔 판 위로 점프! 점프!

놀이 자료
색종이 혹은 부직포, 짧고 경쾌한 동요 테이프

놀이 방법
① 색종이를 일정한 간격을 두어 바닥에 깐다.
② 색종이에 담긴 색의 이름을 말해 본다.
  "이 색은 무슨 색일까?"
③ 노래 테이프를 틀어 준다. 흥겨운 음악을 들으면서 색종이 주위를 뛰어
  다닌다.
④ 노래가 끝날 때 엄마가 '보라색!' 하고 소리치면 보라색 색종이를 찾아
  올라선다.
⑤ 여러 명이 모여 놀이하면 더 재미있다. 지시한 색종이에 올라서지 못한
  사람에게는 '엉덩이로 이름 쓰기'와 같은 재미있는 벌칙을 정하여 놀이할
  수 있다.

놀이효과
지시에 따라 움직일 수 있다.
규칙을 지켜 놀이할 수 있다.
색을 변별할 수 있다.

데구르르

놀이 자료
얇은 담요

놀이 방법
① 담요를 깔고 엄마와 아이가 함께 옆으로 구르기를 해 본다.
② 담요의 끝자락에 아이가 눕도록 한 후 이불을 살짝 빼 주어 아이가 구르
도록 해 본다.
　"엄마가 이제 담요를 뺄 거예요. 하나 둘 셋!"
　"우리 ○○이가 옆으로 구르기를 잘하네."
③ 옆으로 구르기에 익숙해지면 담요 위에서 아이의 목을 지지해 주어 앞으
로 구르기를 해 보도록 돕는다.

놀이효과
구르기를 통해 신체의 유연성을 기른다.
자신의 몸을 조절하여 움직여 보는 경험을 통해 자신감을 기른다.

신문지 리본 놀이

놀이 자료

경쾌한 음악 테이프(빠른 곡, 느린 곡)

놀이 방법

① 길게 오려 낸 신문지를 연결하여 신문지 리본을 만든다.

② 신문지 리본의 끝에 테이프를 붙이거나 나무젓가락을 연결한다.

③ 다양한 리듬의 음악에 맞추어 신문지 리본을 움직여 본다.

④ 만든 신문지 리본을 가지고 밖에 나가 달려 보며 신문지 리본의 움직임
   을 느껴 볼 수 있다.

놀이효과

몸과 놀이도구를 이용하여 다양한 움직임을 만들어 보는 경험을 통해 창의
력을 기른다.

음악에 따라 몸을 움직일 수 있다.

고양이 되어 보기

놀이 자료
조용한 음악

놀이 방법
① 조용한 음악을 틀어 준다.
② 아이와 함께 고양이처럼 몸을 움직여 본다.
 "고양이처럼 팔을 앞으로 죽 펴 보자."
 "고양이처럼 등도 죽 펴 보자."
 "고양이처럼 한쪽 다리도 죽 펴 보자."
③ 고양이처럼 몸을 움직인 후 편안하게 휴식을 취할 수 있도록 돕는다.

놀이효과
자신의 신체를 인식한다.
고양이처럼 움직여 보는 활동을 통하여 몸의 관절을 신전시킴으로써 근육의
피로를 풀고 휴식을 취할 수 있다.

3. 25개월에서 36개월 아동의 부모를 위한 부모교육 자료

1주 자발성을 길러 줍시다

아이들은 기어 다닐 수 있게 되면서 몸의 이동이 가능해지고 장난을 치기 시작합니다. 이러한 장난 때문에 엄마들은 성가시고 가슴을 졸이기도 해서 장난을 금하고 혼내곤 하지요. 장난이라는 것은 호기심이 동기가 되어서 호기심의 대상이 되는 것들을 시도해 보고 도전하면서 아이 나름대로 연구를 하는 것인데 성인이 보기에는 그저 쓸데없고 위험한 것으로 여겨지는 것입니다. 그러나 아동은 장난을 하면서 탐색을 하게 되고 궁극적으로 자발성을 키울 수 있습니다. 자발성이 순조롭게 발달한 아이는 2~3세 시기에 부모에게 반항을 하기도 합니다. 뭐든지 싫다고 하고 자기가 하겠다고 고집을 피워 부모들은 아이가 키우기 어렵고 피곤하다고 하지만 오히려 이렇게 반항을 하는 아이는 자발성이 잘 발달한 아이입니다. 이런 아이가 3세가 지나 친구들과 어울리게 되면 싸움도 잦아집니다. 자기주장과 친구들의 주장이 충돌하기 때문이죠. 그러나 이런 싸움 역시 사회성 발달에 큰 도움이 되고 자기 통제의 능력 발달에도 중요합니다. 부모님에게는 아이의 자발성이 순조롭게 발달하도록 옆에서 지켜보고 도와주는 것이 필요합니다.

2주 우리 아이에겐 어떤 놀이가 좋을까?

출생부터 3세까지는 아동 스스로 본격적으로 놀이를 한다고 말하기는 어렵습니다. 놀이가 시작되는 시기, 혹은 놀이를 위해 탐색하는 시기라고 말하는 것이 더 맞겠지요. 이 시기 유아들의 놀이는 매우 단순한 형태를 보입니다. 또같은 행동을 계속 반복하며, 주의 집중력이 짧아서 놀이에 소요되는 시간이 매우 짧습니다. 아직은 사회성이 발달되지 않아서 자기중심적이고 혼자서 하는 놀이를 많이 하기도 하죠. 대부분의 놀이는 주변 환경에서 관찰한 행동을 모방하는 놀이이며 초보적인 상징이 가능하여 극적인 놀이가 시작되는 것을 알 수 있습니다. 이 시기의 아이들에게는 블록, 퍼즐 맞추기, 점토 만들기와 같이 소근육의 발달을 유도하고 상상력을 자극하는 놀이를 제공해 주는 것이 좋습니다.

3주 잠들기 전에 엄마의 애정을 확인시켜 주세요

집에 있는 엄마들은 하루 종일 아이와 붙어 있음에도 불구하고 마음 놓고 아이와 접촉하고 상호 작용하는 시간이 그리 많지 않습니다. 직장에 다니는 엄마들은 더할 것이라 생각됩니다. 이렇게 하시면 어떨까요. 아이가 잠자리에 들어 잠들기 전까지 아이 곁에서 머리를 만져 주고 동화를 들려주며 아이에게 엄마의 사랑을 느끼게 해 주는 것입니다. 유태인의 엄마들은 이 시간을 제일 중요하게 생각한다고 합니다. 아이의 침대 옆에서 아이의 가슴에 손을 얹고 그날의 좋지 않았던 일을 안심시켜서 잠을 잘 때 불안이나 근심거리를 갖지 않게 한다고 합니다. 또 아이가 혼이 난 경우 정답게 해주어 나쁜 감정을 품지 않도록 어루만져 주는 것이지요. 아이와 얼마나 많은 시간을 함께 했느냐보다는 얼마나 질 좋은 상호 작용을 했느냐가 중요합니다. 아무리 바쁘시더라도 잠자기 전 시간은 아이와 함께하며 아이에게 충분히 사랑을 표현해 주고 확인시켜 주세요.

4주 말썽은 관심을 받고 싶다는 또 다른 표현입니다

아이들은 말썽을 부리며 크게 마련입니다. 돌을 전후해서 손에 닿는 것을 건드려 일을 저지르기 시작해서 가위로 자신의 머리카락을 자르기도 하고, 높은 곳에서 뛰어내려 다리가 부러지기도 합니다. 나이를 먹으면서 말썽의 횟수는 줄어들지만 강도는 점점 심해집니다. 아이들이 말썽을 부리고 정도가 심해질 때, 대부분의 부모들은 혼내고 매를 들기도 합니다. 그런데 아이를 야단치기 전 아이가 말썽을 부리는 이유를 한번 생각해 보세요. 단순한 호기심이 원인인 경우도 있지만, 부모가 자기를 바라봐 주고, 관심을 가져 주길 원해서 말썽을 부리는 경우도 있답니다. 이런 경우 부모가 야단치는 것도 아이에게는 관심으로 여겨져 더욱 말썽을 부리게 될 수도 있지요. 부모님은 아이의 말썽이 무엇을 의미하는지 숨은 뜻을 정확히 읽는 것이 중요합니다. 호기심이 많아 엉뚱한 짓을 하는 아이라면 사회적으로 인정될 수 없는 부분만 제지하여 아이의 장점을 살려 주는 것이 좋겠지요. 그러나 관심을 받고자 하는 것이 이유라면 바람직하지 못한 행동을 했을 때는 무관심한 척하고, 아이의 좋은 행동을 찾아내어 칭찬과 격려를 해 주세요.

5주 형제관계 어떻게 해야 할까요? - Ⅰ

일반적으로 사람들은 처음 보는 사람들에 대해 알고자 할 때 형제관계를 묻곤 합니다. 형제는 몇 명인지, 그 중 순위는 어떻게 되는지에 따라 그 사람이 어떠한 사람일지 추측하곤 하는 것이죠. 이것은 형제의 순위에 따라 주어진 역할에 적응하다 보면 그것이 성격이나 행동특성으로 남게 되고 심리적 영향이 다르게 나타나기 때문입니다. 여러 형제 가운데서 자란 아이들은 사회성, 융통성이 많고 성취감이 높을 수 있지만, 형제간에 겪게 되는 갈등과 경쟁을 극복하여 적응에 어려움을 겪게 되면 심리적, 정서적으로 상처를 받기도 합니다.

특히 형제간의 나이 차이가 적을수록 경쟁심이 강하고 많이 다투는 것을 볼 수 있습니다. 그러나 터울이 적은 아이들은 놀이 수준이 비슷하여 사회성 발달에 좋은 영향을 미칩니다. 반면 나이 차가 크면 큰 아이가 작은 아이를 돌보게 되어 경쟁자의 관계와는 다른 특성을 보입니다. 이럴 때는 부모가 큰 아이에게 사랑을 확인시켜 주고 관심표현을 꾸준히 해 주어 아이가 동생을 잘 보살필 수 있는 심리상태로 성장할 수 있도록 도와주는 것이 좋겠습니다. 결국 부모는 자녀 각자의 터울에 맞추어 심리적 부담을 줄여 주는 배려가 필요한 것입니다.

6주 형제관계 어떻게 해야 할까요? - ||

형제들을 어떻게 가르쳐야 할까요? 첫째로, 형, 아우의 순위를 지나치게 강조하기보다는 바른 행동, 성숙한 행동이 무엇인지를 가르쳐 주세요. 형이니까 무조건 양보하고, 동생이니까 무조건 양보를 받는 게 아니라 합당한 이유로 아이들을 설득하는 것이 좋습니다. 둘째, 형제를 비교하거나 경쟁시키지 말고 형제가 함께 힘을 모아 무언가를 해 내거나 협동하는 모습을 보일 때 칭찬하고 격려해 주세요. 형제가 경쟁상대가 아니라 협동의 동반자로 생각하도록 하는 것이 중요합니다. 셋째, 동생이 태어날 때 큰 아이를 따로 떼어 놓는 것, 특히 그 기간이 길게 되는 것은 좋지 않습니다. 그렇게 되면 큰 아이는 거부당한 것처럼 느끼게 되어 동생에 대해 적개심이나 분노가 생기게 될 수도 있기 때문입니다. 마지막으로 부모는 편애의 감정을 다스릴 수 있어야 합니다. 부모가 형제간에 편애를 하는 것은 아이들에게 정서적으로 큰 상처를 주고 성격뿐만 아니라 아이가 자란 후 부모 역할을 하는 데에도 영향을 미치게 됩니다. 그렇기에 부모는 스스로의 인격적 성숙으로 편애의 감정을 다스릴 수 있도록 노력해야만 합니다.

7주 동요에 율동을 붙여 따라 하게 한다

아이들을 위해 만들어진 동요는 곡조가 쉽고 가사가 흥미로워서 아이들뿐만 아니라 어른들도 좋아하고 즐겨 부릅니다. 노래를 듣고 따라 부르면서 리듬감이나 음률과 같은 음악적인 부분뿐만 아니라 언어적인 부분까지도 익힐 수 있어 아이들에게는 효과적인 교육적 도구가 될 수 있습니다. 아이들에게 노래만 들려주기보다는 율동을 지어서 동요를 부르며 함께 보여 주세요. 아이는 점차 노래와 율동을 따라 하게 될 것입니다. 틀리는 부분이 있거나 노래가 맞지 않아도 무리해서 고치치 말고, 자유롭게 즐기며 소리를 내고 몸을 움직이도록 내버려 두세요. 동요를 부르며 율동을 같이 하게 하면 몸에 자극을 주어 대근육 발달에도 도움이 됩니다. 또한 리듬을 몸으로 익히며 박자감각을 살릴 수도 있고, 엄마와 아이의 상호 작용을 깊게 하는 효과도 있답니다.

8주 난폭하게 굴었을 때는 힘껏 껴안아 주세요

아이들이 친구나 동생을 때리거나 난폭한 행동을 하면 엄마는 당황하고 허둥대며 아이에게 그저 몇 마디로 혼을 내곤 합니다. 그러나 엄마는 자신의 감정을 잘 조절하며 냉정하게 대처하여 다른 사람을 때려서는 안 된다는 것을 엄격하고 분명하게 가르쳐 주어야 합니다. 아이가 폭력을 쓰거나 난폭하게 행동했을 경우 엄마는 아이가 움직이지 못하도록 팔을 붙잡거나 꼭 껴안아 주세요. 그리고 눈을 쳐다보고 엄하게 말을 해 주세요. "절대로 때리는 것은 안 돼. 화가 나는 일이 있으면 말로 해야 하는 거야." 물론 아이의 성격에 따라 쉽게 고쳐질 수도 있지만 그렇지 않은 경우도 있겠지요. 하지만 얼마의 시간이 걸리든지 분명하게 가르쳐야 할 것입니다. 어떤 부모들은 아이가 난폭한 행동을 했을 때 보통이 아니라고 여기며 재미있고 대견하게 생각하는 경우도 있는 것 같습니다. 그러나 아이가 성인이 되어서 반항적이고 난폭한 사람이 되기를 바라지 않는다면, 어려서부터 자신의 감정을 조절하며 충동을 억제할 수 있도록 확실하게 가르쳐 주세요.

9주 외출만 하면 떼쓰는 아이

길거리나 쇼핑센터에서 큰소리로 울거나 바닥에 누워서 떼를 쓰는 아이들을 보는 일은 그리 어려운 일이 아닙니다. 원하는 것이 받아들여지지 않았을 때 그것을 해내라고 막무가내로 성질을 내는 것이지요. 이럴 때 엄마는 무척이나 난감해하며 어쩔 줄을 몰라 합니다. 대부분 다른 사람들의 눈을 의식해서 아이의 뜻대로 해 주기가 다반사지요. 그러나 엄마는 아이에게 일관적인 행동을 취할 필요가 있습니다. 3~4세의 아이가 자기주장이 강한 것은 자연스러운 발달의 단계입니다. 이 시기의 아이는 자기 스스로의 욕구를 가지게 되지만 아직 할 수 있는 일과 해서는 안 되는 일의 한계는 알지 못합니다. 그렇기 때문에 엄마가 일관적으로 그 한계를 가르쳐 주어야 하는 것입니다. 아이가 두 돌 정도 되면 해서는 안 되는 일의 한계를 분명히 정하여 그 기준에 따라 일관성 있게 아이의 행동을 통제하기 시작해야 합니다. 해서는 안 되는 일을 하고 싶어 한다면 아무리 떼를 써도 허락해 주어서는 안 됩니다. 처음에는 안 된다고 했다가 아이가 떼를 쓴다 해서 허용해 준다면 아이는 떼를 써서 자신이 원하는 것을 얻었기 때문에 점점 더 강하게 떼를 쓰게 됩니다. 가끔은 아이가 떼를 쓰다 지쳐서 단념할 때까지 가만두는 엄마의 끈기와 인내가 필요합니다. 아이를 대하는 엄마의 태도가 일관성을 유지한다면 아이는 그 한계를 인식하게 되고 차츰 자신의 충동적인 감정을 조절할 수 있게 됩니다.

10주 싸우면서 배운다

아이들은 별것도 아닌 일에 쉽게 싸우고 또 쉽게 화해합니다. 두세 살의 아이들은 놀잇감이나 놀이기구를 서로 가지고 놀려고 하여 다투는 경우가 많은데, 이때 치고 박고 때리며 신체적 공격이 위주가 되는 싸움을 주로 합니다. 나이가 들어 다섯, 여섯 살 정도 되면 말솜씨가 늘어 입씨름이 많이 일어나게 됩니다. 어른들은 아이들이 싸우는 것을 보면 무조건 말리고 야단을 치는데 싸움이 나쁜 것만은 아닙니다. 아이들은 싸우면서 많은 것을 배우기 때문입니다. 내가 가지고 싶어 하는 것을 다른 친구도 가지고 싶어 하고, 그런 경우 충돌이 일어날 수 있다는 것을 알게 됩니다. 또 서로 원하는 것을 얻기 위해서 어떻게 해야 하는지, 어떤 것이 옳은 것인지를 배우게 됩니다. 자신의 한계와 상대방의 능력을 알고, 공격하고 물러서는 요령도 터득합니다. 아이들이 싸우면서 큰다는 옛말은 이런 것을 두고 하는 말이지요. 다치거나 상처를 입을 염려만 없다면 아이들의 싸움을 두고 보는 것도 그리 나쁘지만은 않을 듯 싶습니다. 말로 싸울 때는 지켜보다가, 신체적 공격이 시작되면 부모가 개입하여 싸움을 말린 후 시비를 가려 주는 것도 좋은 방법일 것입니다.

11주 자립심을 키워 주려면?

자립심이 강한 아이는 자기가 한 행동에 대해 책임을 집니다. 그러나 자립심이 잘 발달하지 않은 아이들은 실패에 대해 다른 사람 탓을 한다든가, 핑계를 대며 자기의 책임을 회피하려고 합니다. 엄마가 늦게 깨워 줘서 유치원에 늦었고, 친구가 먼저 시비를 걸어서 싸웠다고 이야기하지요. 엄마의 명령과 판단에 따라 행동했던 아이들은 자기 스스로 판단을 내리고 그것에 책임 지도록 가르쳐 주지 않았기 때문에 자립심보다는 의존심이 자라기 쉽습니다. 이래라, 저래라 하며 명령하는 태도, 아이의 판단을 기다리지 못하고 먼저 결론 내리고 아이가 부모의 결정에 따라와 주기를 바라는 태도가 아이를 의존적으로 만들게 됩니다. 현명한 부모라면 아이에게 몇 가지 선택안을 제시하고, 선택안 하나하나를 분명히 설명해 준 후 그 가운데서 하나를 선택하도록 아이를 이끌어 갑니다. 그리고는 자신이 선택한 것의 결과에 대해 아이 스스로 책임 지도록 하는 것이지요. 이런 경험이 되풀이될수록 아이는 자립심이 싹트고 자신을 조절하는 방법을 익히게 되어, 스스로 자기의 길을 개척해 나갈 수 있다는 확신을 가지게 되는 것입니다.

12주 친구와 어울릴 수 있는 기회를 주세요

아이들은 친구가 가지고 노는 놀잇감을 뺏다가 싸우는 일이 많습니다. 같은 종류의 놀잇감이 옆에 있어도 굳이 친구가 가지고 노는 놀잇감을 뺏고 싶어 합니다. 또 자리가 많아도 꼭 친구 옆에 서서 창밖을 내다보고 싶어 좁은 틈에 끼기도 합니다. 한참 또래에 대한 관심이 싹트기 때문이지요. 그러나 처음부터 친구와 함께 어울려서 놀지는 않습니다. 친구가 옆에서 놀더라도 상호 작용을 하기보다는 서로 다른 놀잇감을 가지고 그저 가까이에서 노는 것뿐입니다. 그러다가 점차 상호 작용이 필요한 놀이를 하게 되고 상보적 역할관계가 나타나면서 엄마나 교사보다는 같은 또래와 놀고 싶게 됩니다. 아이가 친구들과 잘 어울릴 수 있도록 돕기 위해 엄마는 아이들에게 친구와 놀 수 있는 자리를 마련해 주는 것이 중요합니다. 놀이터에 데리고 나가거나 옆집의 아이들과 만날 수 있도록 기회를 주세요. 또한 사이좋게 놀잇감을 나눠 쓰거나 친구를 돕는 행동을 일러줌으로써 친구와 우정에 대해 생각해 보도록 합니다. 타협하는 방법을 가르쳐 주는 것도 좋은 방법입니다. 어린 시절의 우정은 아이들에게 공정성과 타협심, 자기의 욕구와 타인의 욕구를 조화시키는 법을 가르쳐 주는 소중한 계기가 될 것입니다.

참고문헌

· 최미현, 박명화, 박성미, 최양미, 김애자, 김정신(1996). 영유아보육론. 서울: 창지사.
· 김광웅, 박인전, 방은령(1997). 영유아보육론. 서울: 중앙적성출판사.
· 오영희, 송영란, 강영식(2003). 유아교육개론. 서울: 21세기사.
· 정옥분(2002). 아동 발달의 이해. 서울: 학지사.
· 김광웅, 방은령(1992). 아동 발달. 서울: 형설출판사.
· 이인실(2000). 0세에서 3세를 위한 조형활동. 서울: 다음세대.
· 김영희, 류진아, 송현정(2005). 집단발달놀이치료─이론과 실제. 서울: 학지사.
· 정옥분, 정순화(2000). 부모교육─부모 역할의 이해. 서울: 양서원.
· Brody, V. A.(1995). *The Dialogue of touch: Developmental play therapy.* Developmental Play Training Association.
· Brody, V. A.(1997). *The Dialogue of touch: Developmental play therapy.* Developmental Play therapy. New York: Aronson.
· Brody, V. A., Fenderson, C., & Stephenson, S.(1976). *Sourcebook for Finding Your New Way to Helping Young Children through Developmental Play.* Tallahasee, FL: Department of state.
· Hughes, F.(1999). *Children, Play, Development,* Allyn & Bacon.
· Lauriers, A. D.(1962). *The Experience of Reality in Childhood Schizophrenia.* New York: International University Press.

김영희

숙명여자대학교 박사과정 졸업
(박사, 아동심리 전공)
전 원광아동상담소 상담연구원
전 엄마랑 놀이 아카데미 원장
현재 대진대학교 아동학과 교수

e-mail address: yhkim@daejin.ac.kr

고태순

성균관대학교 박사과정 졸업
(박사, 아동심리 및 교육 전공)
전 엄마랑 놀이아카데미 교사
전 평택보육교사교육원 부설 예자람 어린이집 원장
현재 한북대학교 영유아보육학과 교수

e-mail address: kts@hanbuk.ac.kr

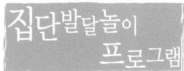

25개월에서 36개월 아동, 엄마와 함께하는

집단발달놀이 프로그램

- 초판 인쇄   2008년 11월 28일
- 초판 발행   2008년 11월 28일

- 지 은 이   김영희, 고태순
- 펴 낸 이   채종준
- 펴 낸 곳   한국학술정보㈜
          경기도 파주시 교하읍 문발리 513-5
          파주출판문화정보산업단지
          전화 031) 908-3181(대표) · 팩스 031) 908-3189
          홈페이지 http://www.kstudy.com
          e-mail(출판사업부) publish@kstudy.com
- 등   록   제일산-115호(2000. 6. 19)
- 가   격   13,000원

ISBN   978-89-534-9996-6 93370(Paper Book)
        978-89-534-9997-3 98370(e-Book)